Bumper Sticker Be-Attitudes

ENDORSEMENTS

Bumper Stickers, you gotta love 'em—or maybe not! Deb DeArmond delivers Truth in bite-size daily portions. Drawing us in with an expectancy of humor atop a truism, *Bumper Sticker Be-Attitudes* is a refreshing view of life with biblical application. In as much time as it takes to read and "get" a bumper sticker's implication, you can enjoy a moment of truth to kickstart your day. Fun. Refreshing. Reflective. Gotta love it!
—**Linda Goldfarb**, award-winning author of the *LINKED Quick Guide to Personalities* series, International Speaker, Board Certified Relationship Coach

We've all seen them – clever messages on bumper stickers, social media memes, and in fortune cookies and greeting cards. "Not my circus, not my monkeys" is one of my favorites, since I tend to take on too much responsibility. And I have actually received a birthday card promising We'll Be Friends Until We're Old and Senile. Then We'll Be New Friends!
But did you ever consider that such thoughts could be funny and profound at the same time? Author Deb DeArmond feels they sometimes warrant a second glance, perhaps to even mine some spiritual wisdom. Thus, I thoroughly enjoyed reading her latest book *Bumper Sticker Be-Attitudes* – a few pages each day filled with sayings, story, and Scripture. A great way to take the Lord seriously, ourselves not so much. Grab a copy for a surprise friendship gift!

—**Lucinda Secrest McDowell**, author *Ordinary Graces and Life-Giving Choices*

Deb DeArmond's *Bumper Sticker Be-Attitudes* is witty and wonderful. Who knew bumper stickers could teach us so much about ourselves--and our relationship with Jesus?! Each devotional contains nuggets of scriptural truth and real-life applications couched in the author's warm and winsome humor. Readers will find much to enjoy and apply in this new book!"
—**Dena Dyer**, award winning author of *Love at First Fight* and *Wounded Women of the Bible*

Reading Deb DeArmond's *Bumper Sticker Be-Attitudes*, is a blast as you'll find encouragement, hope, and bumper-snickers. This is a great read for anyone who wants to 'Choose Happy,' or 'Get out of their own way."
—**Linda Evans Shepherd,** best-selling author of *When You Want to Move a Mountain*

As a diehard Deb DeArmond fan, I'm thrilled to recommend *Bumper Sticker Be-Attitudes,* a new devotional that's clever, wise, and best of all, *fun!* A great way to discover sound spiritual guidance, these short daily devos unpack the wisdom of bumper-sticker witticisms that serendipitously mirror Truth straight from Papa God – I call them surprise biblicisms – when you least expect it but most need it. Give *Be-Attitudes* a try tomorrow morning. Believe me, you'll not want to put it down.
—**Debora M. Coty,** event speaker and award-winning author of the bestselling *Too Blessed to be Stressed* series, with over one million copies sold in three languages around the world.

Wait. You mean God can send me a message from the back-end of somebody's car? Yep, the truth is, God can confront us with

His truth any ol' way He wants. And I love it more than a little bit when He does it in a way I didn't expect.

Cue Deb DeArmond and *Bumper Sticker Be-Attitudes*, a poignant and adorable reminder that nothing is ever truly random with God. I love the book's multiple messages of the Father's care and His desire for loving intervention in our everyday. Oh life-impacting, glorious thought! I think I'll slap that on the back of my car and drive it around the block a few times.

—Rhonda Rhea, award-winning humor columnist, TV personality, author of fifteen books, including *Fix Her Upper, Messy to Meaningful, Unruffled,* and *Off-Script & Over-Caffeinated.*

There is truth all around us … sometimes in places you would least expect. Deb DeArmond has taken notice of the nuggets found on the road in the form of bumper stickers. Messages that are simple, yet profound. DeArmond cleverly brings these short quips to life, delving into the Scriptural wisdom they surprisingly contain. Her personal perspective and insights make this devotional an easy yet thoughtful read.

Got wisdom? It might be as near as the car in the fast lane—or in Deb DeArmond's *Bumper Sticker Be-Attitude*

—Julie Zine Coleman, managing editor of *Arise Daily* devotionals, author of *Unexpected Love: God's Heart Revealed Through Jesus's Conversations with Women*

I love the unexpected and creative ways God reaches out to us with much-needed messages, using whatever it takes. But bumper stickers? Yep.

If you're like me, your eyes quickly scan the memes or bumper stickers we see every day—words that provide a moment of amusement or a grin of agreement—then are quickly forgotten. But Deb DeArmond has taken these tiny signs and gifted us with her spiritual insights, godly wisdom, and winsome creativity, pointing out the message behind the messages.

Now that I've read *Bumper Sticker Be-Attitudes* and have acquired a powerful pair of God-spectacles, I may just have to stop to ponder the message behind the meme. Wait, is that You, God?
—**Lori Hynson**, Speaker and Author of *SuperGal vs GOD*

If you enjoy a broad grin or a healthy chuckle, I highly recommend Deb DeArmond's book, *Bumper Sticker Be-Attitudes*. She brilliantly ties spiritual truths to common colloquialisms, and she does it in a fun, delightful way.

DeArmond skillfully weaves truth and humor, demonstrating her gift as a writer. I enjoy this book with an early morning cup of coffee, as Deb helps get my day launched on a bright start. But I find myself reading more than one chapter because I can't stop. I promise you won't find another devotional book equal to *Bumper Sticker Be-Attitudes!*
—**Travis W. Inman**, author of the *Glenfield Series* and *Shadows: One Choice a Future Makes*

Of all the things humans might cultivate in life, the pursuit of joy offers tremendous benefits. Godly humor is not only good therapy for struggling souls, when coupled with God's Word it expands hope! A cheerful heart pleases the Lord, but it also builds stronger relationships. Deb captures both the humor and hope possible when God is our focus and enjoying Him and others is our great delight.
—**Pam Farrel** (Love-Wise.com), author of *Discovering Joy in Philippians*, and **Dawn Wilson**, (UpgradeWithDawn.com)—co-authors of *LOL with God: Devotional Messages of Hope and Humor for Women*

Bumper Sticker Be-Attitudes takes a refreshingly honest look at life through the lens of humorous bumper stickers used by author Deb DeArmond to create short devotional lessons. As Christians, potential spiritual lessons are all around—we just have to find them. DeArmond saves us the time by finding them herself and inviting us along for the ride, which both entertains and provokes us to examine our lives as Christ-followers on a deeper level.

Her honest and witty style will inspire you to spiritual depths just long enough to absorb the biblical truth being taught. If you're looking for a unique way to engage with God for a few minutes before (or after) the hurry of the day runs you over, look no further; you've found just what you were looking for."
—**Jessie Mattis**, author of *Power Up*

Buckle up for a thought-provoking road trip! *Bumper Sticker Be-Attitudes* is both innovative and practical. Deb DeArmond takes readers on a unique journey to deepen their faith and discover more of God's plans and desires for their lives. Using the "tips and challenges" section of each chapter, this book could easily serve as a devotional or discussion-starter for small groups or couples!
—**Penny A. Bragg**, Co-Author of *Your Marriage, God's Mission* and *Marriage Off Course*

Heart to heart, *Bumper Sticker Be-Attitudes* is a charming collection of devotions that tickle your funny bone, make you nod in shared experience, and offer deeper insights to living better. Leave it to Deb DeArmond to seamlessly connect witticisms, wisdom, and faith into a lively read you'll want for yourself and to share with friends.
—**PeggySue Wells**, bestselling author of *The Slave Across the Street, Homeless for the Holidays, Chasing Sunrise*

Be prepared to smile as God's truths are shared in a delightful Deb DeArmond way. Not only does the humor found in *Bumper Sticker Be-Attitudes* relate to real life and brings a smile, but because each short spiritual message zaps you. The tips and challenges equip you to apply God's Word to your life. I highly recommend this new book to everyone.
—**Jayme Hull**, author, speaker, mentor, coach and host of *Face to Face Mentoring Podcast*

Need a smile or an attitude adjustment? I thought I'd read a couple of chapters of *Bumper Sticker Be-Attitudes* at a time, but I couldn't stop reading. Funny and convicting, each short chapter offers fresh insight and practical application that's sure to lift your attitude and enrich your relationships."
—**Debbie W. Wilson**, blogger, Bible teacher, and author of *Little Women, Big God*

I thoroughly enjoyed reading Deb DeArmond's devotional, *Bumper Sticker Be-Attitudes*. She has an incredible way of using humorous (and sometimes serious) bumper sticker messages to encourage us.

My favorite feature of the book were the tips and challenges at the end of each chapter. These helped me reflect on what I'd read and allowed me to immediately apply it to my life. I love the creative ways God can use even bumper stickers in our lives!
—**Page Geske**, motivational speaker and author of *Milepost 95, From Wreckage to Redemption*

Bumper Sticker Be-Attitudes is a hearty dose of encouraging spiritual direction that comes—surprisingly—from bumper stickers! Deb DeArmond skillfully takes these common messages which might seem superficial and relates them to God's powerful biblical principles. Reading this book nourished my heart and soul. You're going to love it!

—**Kathy Collard Miller**, speaker and author of over fifty books including *No More Anger: Hope for an Out-of-Control Mom;* www.KathyCollardMiller.com

What a unique way to deliver a dose of encouragement, hope, and wisdom to help you get through life. *Bumper Sticker Be-Attitudes* is filled with insightful truth offered in a light-hearted and spirited way. I found myself turning the pages to discover what Deb DeArmond would share next. Refreshing and thought-provoking!

—**Anita Agers-Brooks**, international speaker and award-winning author, *Getting Through What You Can't Get Over, Exceedingly: Spiritual Strategies for Living on Purpose, with Purpose, and for an Abundant Purpose.*

Bumper Sticker Be-Attitudes

Deb DeArmond

Copyright Notice

Bumper Sticker Be-Attitudes

First edition. Copyright © 2019 by Deb DeArmond. The information contained in this book is the intellectual property of Deb DeArmond and is governed by United States and International copyright laws. All rights reserved. No part of this publication, either text or image, may be used for any purpose other than personal use. Therefore, reproduction, modification, storage in a retrieval system, or retransmission, in any form or by any means, electronic, mechanical, or otherwise, for reasons other than personal use, except for brief quotations for reviews or articles and promotions, is strictly prohibited without prior written permission by the publisher.

Scripture quotations marked NASB are taken from the New American Standard Bible® (NASB), Copyright © 1960, 1962, 1963, 1968, 1971, 1972, 1973, 1975, 1977, 1995 by The Lockman Foundation. Used by permission. www.Lockman.org

Scripture quotations marked (NLT) are taken from the Holy Bible, New Living Translation, copyright ©1996, 2004, 2015 by Tyndale House Foundation. Used by permission of Tyndale House Publishers, a Division of Tyndale House Ministries, Carol Stream, Illinois 60188. All rights reserved.

Scripture quotations marked MSG are taken from THE MESSAGE, copyright © 1993, 2002, 2018 by Eugene H. Peterson. Used by permission of NavPress. All rights reserved. Represented by Tyndale House Publishers, a Division of Tyndale House Ministries.

Cover and Interior Design: Cameron DeArmond, Derinda Babcock
Editor(s): Cristel Phelps, Deb Haggerty

Library Cataloging Data
Names: DeArmond, Deb (Deb DeArmond)
Bumper Sticker Be-Attitudes / Deb DeArmond
222 p. 23cm × 15cm (9in × 6 in.)

Description: Short devotionals inspired by bumper stickers that give a Godly perspective on life.
Identifiers: ISBN-13: 978-1-951080-41-9 (trade) | 978-1-951080-42-8 (POD)| 978-1-951-080-43-3 (e-book)
Key Words: Devotional, humor, inspirational, Christian, attitude, Scriptures, Bible

LCCN: 2019949742 Nonfiction

DEDICATION

To my brother, Jack,
my friend, Eve, and
my husband, Ron.
You all knew before I did God called me to write.
Thank you for your perseverance to help me know, too.

TABLE OF CONTENTS

ENDORSEMENTS. ii
DEDICATION xi
ACKNOWLEDGMENTS. 1
INTRODUCTION. 3
CHAPTER 1 7
WITHOUT SLEEP WE ALL BECOME TALL TWO-YEAR-OLDS 7
CHAPTER 2 11
A WATCHED POT NEVER BOILS 11
CHAPTER 3 13
WE'LL BE FRIENDS UNTIL WE'RE OLD AND SENILE. THEN WE'LL BE NEW FRIENDS! 13
CHAPTER 4 17
NOT MY CIRCUS, NOT MY MONKEYS 17
CHAPTER 5 21
LIFE'S A PUZZLE. DO YOU HAVE ALL YOUR PIECES? 21
CHAPTER 6 25
NEVER MESS UP AN APOLOGY WITH AN EXCUSE 25
CHAPTER 7 29
I MAY BE THE LAST NICE GUY GOD IS SENDING! 29
CHAPTER 8 33
IT'S NEVER TOO LATE TO FINISH,
AND IT'S ALWAYS TOO EARLY TO QUIT! 33
CHAPTER 9 37
YOU HAVE TO BREAK A FEW EGGS TO MAKE AN OMELET 37
CHAPTER 10 39
DON'T RAISE YOUR VOICE. IMPROVE YOUR ARGUMENT. 39

CHAPTER 11 43
LIFE IS SHORT. BUY THE SHOES! 43
CHAPTER 12 47
CANCEL MY SUBSCRIPTION. I DON'T NEED YOUR ISSUES. 47
CHAPTER 13 51
THE LIGHT MAY BE ON, BUT NOBODY'S HOME! 51
CHAPTER 14 55
WHAT YOU PUT UP WITH, YOU END UP WITH 55
CHAPTER 15 59
I DIDN'T SAY IT WAS YOUR FAULT,
I SAID I WAS GOING TO BLAME YOU 59
CHAPTER 16 63
I DIDN'T COME THIS FAR TO ONLY COME THIS FAR. 63
CHAPTER 17 65
CHANGE IS GOOD! YOU GO FIRST. 65
CHAPTER 18 69
IF YOU HAVEN'T GROWN UP BY SIXTY, YOU DON'T HAVE TO! 69
CHAPTER 19 72
GRIPING AND MOANING ARE NOT DOUBLE TASKING! 72
CHAPTER 20 76
I USED TO BE INDECISIVE. NOW I'M NOT SURE. 76
CHAPTER 21 80
IF YOU CAN'T BE KIND, BE QUIET. 80
CHAPTER 22 84
DON'T TRY TO FIT IN! YOU WERE MADE TO STAND OUT! 84
CHAPTER 23 88
I DON'T HAVE A SHORT ATTENTION SPAN …
OH, LOOK! A BUTTERFLY! 88
CHAPTER 24 91
MARRIAGE: AN ENDLESS SLEEPOVER
WITH YOUR FAVORITE WEIRDO. 91
CHAPTER 25 95
LIFE HAS NO REMOTE. GET UP AND CHANGE IT YOURSELF. 95

CHAPTER 26	96
If Not Now, When?	96
CHAPTER 27	101
Laughter is the Shortest Distance Between Two People	101
CHAPTER 28	105
The Road to Success is Always Under Construction	105
CHAPTER 29	109
This Would Be Funny if It Wasn't Happening to Me!	109
CHAPTER 30	113
Youth is Fleeting, But Immaturity Can Last a Lifetime	113
CHAPTER 31	117
Would You Like Some Cheese with That Whine?	117
CHAPTER 32	121
I'm So Far Behind, I Thought I Was First!	121
CHAPTER 33	125
Old Ways Won't Open New Doors	125
CHAPTER 34	129
Speak Up, Even if Your Voice Shakes	129
CHAPTER 35	133
Regret is a Thief	133
CHAPTER 36	137
Judging Others Doesn't Define Who They Are. It Defines Who You Are.	137
CHAPTER 37	141
Resist. Unlearn. Defy!	141
CHAPTER 38	145
Keep Your Arm Around My Shoulder, Lord, and Your Hand Over My Mouth!	145
CHAPTER 39	149
Life is Fragile. Handle with Care	149
CHAPTER 40	153
Math: The Only Subject that Counts!	153

Bumper Sticker Be-Attitudes

CHAPTER 41 157
FIGHT TRUTH DECAY! 157
CHAPTER 42 161
NO ONE CAN DRIVE YOU CRAZY,
UNLESS YOU HAND THEM THE KEYS 161
CHAPTER 43 165
BE YOURSELF—EVERYONE ELSE IS ALREADY TAKEN 165
CHAPTER 44 167
EITHER WAIT ON GOD OR WISH YOU HAD 167
CHAPTER 45 171
BEAUTY IS IN THE HEART OF THE BEHOLDER 171
CHAPTER 46 173
HE WHO ANGERS YOU, OWNS YOU 173
CHAPTER 47 177
TACT IS THE ACT OF MAKING A POINT,
WITHOUT MAKING AN ADVERSARY 177
CHAPTER 48 181
BE A FOUNTAIN. NOT A DRAIN 181
CHAPTER 49 185
THE TRUTH WILL SET YOU FREE,
BUT FIRST IT WILL TICK YOU OFF! 185
CHAPTER 50 189
GO THE EXTRA MILE. IT'S NEVER CROWDED 189
EPILOGUE 193
THE LONG AND WINDING ROAD 193
ABOUT THE AUTHOR 195
BIBLIOGRAPHY 197

ACKNOWLEDGMENTS

Ron, you make a space for me to write and a place in your heart for my work. When it comes to support, nobody does it better. And just like in high school, you're still carrying my books!

Deb Haggerty, you've long been my friend and champion for my work. Thank you for welcoming me to the Elk Lake Publishing, Inc. family. It's been a joy to collaborate with you and your dedicated team.

Thank you to my son, Cameron DeArmond, the talented guy behind my fabulous book cover. Your creative gift is an inspiration to many, including your mama.

A shout out to all who sent me your favorite bumper sticker sayings, especially those that made me think, self-examine, or laugh out loud. This book would not exist without your eagle eye and generosity.

And to my Living Write Texas tribe: Karen, Sharon, Lori, Donna, Rene, Leslie, Laura, One L Michele, and Michelle B. You've become my clan, my kinfolk, and my writing family. I love you big.

INTRODUCTION

Be on the alert to recognize your prime at whatever time of your life it may occur.

Those words are what the fortune cookie in my hand revealed. Honest, that's what the fortune said. I smiled. I'd been asking God what the second half of my life would hold now that my children were grown and the nest had emptied. Do I really believe God sent me a message in a fortune cookie? No. At least, I don't think so. But could he use the randomness of that message to encourage me at midlife, that although I may be done, I'm not yet finished? Yep, he could, because I believe he has a sense of humor. And he's always on the lookout for ways to reach us.

How about the bumper sticker that reads: *The truth will set you free, but first it will tick you off?* At first glance, the sign makes you giggle. A closer look, however, reminds you of the biblical principle that occasionally, the truth can be tough to swallow. You've been *just fine, thank you,* until someone enlightens you with a hard nugget of biblical wisdom. Then you remember that the Scriptures are always for your benefit, even when the words are difficult to hear.

Do you think the driver of that car placed the sticker there for your spiritual enrichment? Nope. The words just made him chuckle, and he thought he'd share the fun. But seen through the Spirit of the Lord, you get a Bible study on the way to work—right there in the carpool lane.

Bumper Sticker Be-Attitudes

We're bombarded by messages from a world eager to inform, sell, and influence. From coffee mugs and billboards to decorative plaques and road signs, someone is always trying to tell us something. At first glance, these messages may seem witty and light. But a second look may reveal much more, as we recognize biblical principles that enlighten, encourage, and empower us—in places we never expected to find them.

Bumper Sticker Be-Attitudes is built on the belief there are spiritual principles everywhere we look—if we have our eyes opened to the truth. From the bumper of the car in front of us to the fortune cookie after the chow mein, witticisms meant to entertain often hold a much deeper meaning when seen through the eyes of those who follow Christ.

We shouldn't be surprised to find God in unexpected places. Paul tells us in Romans 1:19: "They know the truth about God because he has made it obvious to them" (NLT). It's even more plainly stated in *The Message* translation: "But the basic reality of God is plain enough. Open your eyes and there it is!"

Bumper Sticker Be-Attitudes is a collection of real witticisms found on back bumpers across the nation. When I first wrote about finding truth above the tailpipe, friends and strangers sent me their favorite stickers. Each became a chapter in this book.

The title includes a play on words: Be-Attitudes vs. Beatitudes. You may recall the story from Matthew 5 of the Sermon on the Mount. Jesus identified eight Beatitudes—values or principles—that when practiced, lead to a blessing. These attributes are as significant today as they were in the time of Christ:
- humility, righteousness, and self-control
- a submitted and selfless heart
- an appetite for virtue and justice

- love, empathy, and peace
- the willingness to take a stand for Christ

They may be more relevant today than ever before. Current culture is often unkind and self-focused. Believers are challenged to maintain an attitude of Christlikeness, which is essential to reaching a world in desperate need of the Savior. And that *is* God's expectation: "You must have the same attitude that Christ Jesus had" (Romans 12:2 NLT).

Attitude is defined as "a feeling or opinion about something, especially when this *shows up in your behavior.*" How we *show up* is on display to the world around us. Our behavior can convey abundant life or a lifeless existence. It's a choice.

Past experiences, along with our upbringing, are powerful, as they often define and establish our attitudes. And while they are enduring, they can also change. Who we are today does not define who we can be tomorrow.

Life in Christ is a journey. These chapters provide a quick read to shape our attitudes to reflect more of Jesus in our everyday life. They are both biblical and practical—and each provides tips and challenges to move us forward in him.

Climb in and buckle up. Keep your eyes open and your ear tuned to God. He's likely to show up in some very surprising places!

CHAPTER 1

Without Sleep We All Become Tall Two-Year-Olds

Then Jesus said to them, "The Sabbath was made to meet the needs of people, and not people to meet the requirements of the Sabbath." (Mark 2:27 NLT)

"Wait a minute … where are you going?" Suspicion registered in my husband's tone.

"I thought I'd lie down for a bit. Quick nap. I stayed up late last night to finish that project, and we were up early to make it to the first service this morning." I continued my trek across the family room toward the hallway. Just a few more steps …

Ron sprang out of his chair to position himself between me and the bedroom door.

What's going on? Just need a few quick winks and I'll be good as new.

"I don't fare well when you nap, Deb. Particularly the short nap." He crossed his arms over his chest to emphasize his displeasure for my plan. "You wake up cranky and grumpy, and I end up trying to jolly you into a better mood."

I didn't much care for his observation. "I'm already cranky, and I'm going to be grumpy if I don't get some rest." It wasn't a threat; it was a time-tested statement of fact. He knew it and so did I.

I gently pushed past him, and he yielded, a deep sigh punctuating his disapproval. Or perhaps his disappointment

Bumper Sticker Be-Attitudes

that I might awaken more like Grumpy or Dopey than Sleeping Beauty. But I'm not alone on this one.

Rest is not optional. A fact known to God from the beginning. Urgent enough he included rest as a command in his list of the Big Ten—and beyond. He talked about the Sabbath a lot.

God was the first to rest as is recorded in Genesis 2:2: "On the seventh day God had finished his work of creation, so he rested from all his work" (NLT). The first Sabbath. The Lord describes this day of rest in a myriad of ways.

Sabbath is the Lord's gift to his people. (Exodus 16:9 NLT)

A covenant obligation for all time. (Exodus 31:16 NLT)

To honor the Sabbath makes us right with the Lord. (Ezekiel 45:17 NLT)

The day of Sabbath is to be remembered and kept holy. (Exodus 20:8 NASB)

There are blessings for those who honor the Sabbath. (Isaiah 56:2 NLT)

The benefits of rest are bountiful.

Eight of the Ten Commandments are "thou shall not" instructions. Only two stand out as items "to do" and one commands us to take a day of rest, in honor of the Lord. Our heavenly Father knew life would challenge us, but his command to rest is *for us*, to *bless us* and *restore us* for the demands of the coming week.

God doesn't stop with his people. He includes the animals, marketplace activity (no shopping!), and he directed the land was to lie fallow at times—to rest—to allow it to recover. Without recovery, there is no value left in the overworked soil.

There are days I feel overworked and undervalued, initiated by hitting the pillow very late and getting up extra early. I'm not just tired. I'm also impatient and far less than God's finest example of love, grace, and mercy. On those mornings, I require an extra dose of those same gifts from everyone around me.

When we've taken care of ourselves, we're better able to reflect our Father's call to love others, walk in grace, and grant forgiveness. When we disregard his call to set aside time to rest, Grumpy, Sleepy, and Dopey show up.

God is serious about rest. And my husband has weighed in. He didn't marry a tall two-year-old and has no intention of living with one now.

Mercy. Give a girl some grace.

Today's Tips & Challenge: Are you creating margin in your life? Margin is the buffer that keeps the busyness at bay and helps us show up as our best self. Often, those most significant in our lives, get our behavior at its worst when we've failed to rest. We are made in his image and likeness. If he needed a breather, so do we.

Today, review your commitments. Have you shoveled more into the day than is wise? Establish morning and nighttime routines. Our parents created timelines and patterns—like bedtime and a healthy breakfast—to ensure we'd start well *and* finish strong. Schedule self-care as you do your appointments and commitments.

CHAPTER 2

A Watched Pot Never Boils

Trust in the Lord with all your heart; do not depend on your own understanding. Seek his will in all you do, and he will show you which path to take (Proverbs 3:5-6 NLT)

"A watched pot never boils, babe," I advised my newlywed husband. He continued to stare at the pot filled with still-stiff pasta.

Silence. Then, "What kind of pot is it?" he asked.

"A watched pot. You know, it will never boil."

His turned quickly toward me. "Then why cook the pasta in it?"

We'd received many kitchen items as wedding gifts, which included a variety of pots and pans: Crockpots, Dutch ovens, frying pans, and more. He misunderstood my definition of a "watched" pot. I wasn't referencing a brand of cookware. I literally meant a *pot that's being watched or observed.* Apparently, my mother had a few colloquialisms his didn't.

The concept is simple: the more closely we watch to ensure something happens, the more the outcome may be delayed.

Life is like that at times. The single person surfing the web for the perfect mate. The monthly disappointment when trying to conceive. The closer we watch, the longer it takes. James 5:7 reminds us we don't control the timing of every aspect of our lives. "Consider the farmers who patiently wait for the rains in the fall

Bumper Sticker Be-Attitudes

and in the spring. They eagerly look for the valuable harvest to ripen" (NLT). The farmer doesn't plant his seed, watch the soil minute by minute, then dig up the ground to make sure the seed's still there. He trusts the process.

Why is this hard to do? Simple. We prefer to control our circumstances. For Christians, that's a problem. God asks us to trust him with our lives. That's *his* process.

My mother was injured in a devastating accident. Doctors decided there was nothing they could do but wait and see. The news was difficult, but trusting God was easy for us this time; we knew we served a faithful God. We were also aware there was not one bit we *could* do. No other efforts were possible.

But when dealing with financial difficulties or concerns about a child's behavior, when we can easily take matters into our own hands, we use whatever methods are available to us. Take a second job to deal with the money problems. Read a book by a popular author on childrearing. Neither method is wrong, unless they *replace* turning to God in prayer and trusting him for answers.

God doesn't expect us to sit by and wait without action in difficult times. He expects us to pray and seek his will. He may lead us to pursue an idea that occurred to us. But *he* wants to direct the traffic in our lives, trusting the process, trusting him.

Faith is not built when all is well, it's built when times are tough.

The more we monitor and work to manage our circumstances, the more frustrated we become. If you want to watch something change in your life, forget the pot. Watch God fulfill his Word to his children!

Today's Tips and Challenges: What pot are you watching? Where's God asking you to let go and let him take control? What's your first step?

CHAPTER 3

WE'LL BE FRIENDS UNTIL WE'RE OLD AND SENILE. THEN WE'LL BE NEW FRIENDS!

> So encourage each other and build each other up, just as you are already doing. (1 Thessalonians 5:11 NLT)

The test of any friendship—the vacation without husbands, kids, or other friends to cushion the shock of twenty-four-hours together. On the ocean. In a cabin. *For seven days.*

We planned the trip a bit on the early side of the Alaskan cruise season, so Cindy and I landed an incredible upgrade with spacious digs, attentive staff, and a week of total luxury. Fabulous meals, beautiful ports, and interesting folks on board.

And a lot of togetherness.

Girl-friendships, even for Christians, have often been challenging. *Am I her favorite? Does she like me best?* Remember in third grade, when the "new girl" was introduced to the class? We eyed her nervously, concerned she'd replace us in our bestie's heart. We worked for that position and protected our spot fiercely. *Step back, newbie. She's mine.*

We may be adults, but women still compete for the top spot—and the enemy will try to use these relationship needs against us if we're not careful. I'm blessed to say Cindy and I have not struggled with this.

Why not?

Bumper Sticker Be-Attitudes

She and I are an unlikely twosome. Californians, now living in Texas. Close in age, both married over forty years. Adult kids and grandbabies. But that's about it. We're wired differently, choose separate hobbies, and we think in diverse ways. Our needs and preferences are dissimilar. We're an odd couple.

But that doesn't mean we aren't *compatible*. *We both love God and his Word fiercely.*

He created us to need others. Read Genesis. Even though God was with Adam from the start, God saw the need and created Eve. The disciples numbered twelve, but three—Peter, James, and John—were those Jesus held close in the best and worst of times. David and Jonathan. Ruth and Naomi. A biblical pattern is evident.. *We need relationship.*

Cindy and I discussed our friendship on the cruise. The relationship is important, it's risen to the "bestie" level. Given our different personalities, it's a bit surprising.

Here was our Alaskan epiphany about why this works: we don't compete—*with* one another or *for* one another's affection, time, and the all-important top spot in one another's life. We're never fearful the other is "cheating" on us with other friends. We both have other friends. *Close* friends. And we're grateful for each of them—colleagues, neighbors, quilt/craft buddies, and writing partners.

We don't see one another as often as we'd like. But we do life together, just not usually in the same place. We don't live in one another's pockets. We can't. She moved three hours away, but the distance has deepened our relationship. We're more intentional about staying connected. So maybe that, too, is a gift.

If we need one another—for any reason, day or night—we're available and fully present. We can confide in one another and know it's "in the vault." Trusted. No judgment. A genuine gift from the Lord.

What's our secret? Here are three tips we discovered.

Today's Tips and Challenges:

Create healthy expectations of one another. We shouldn't rely on our friends to provide us what only God can deliver. They cannot be the center of our emotional well-being—that's God's job. Sometimes when women are lonely or need encouragement, they turn to their bestie *instead* of God. Not in addition to him but *instead*. If *this* gets mixed up, it's a quick trip to trouble.

Be reliable for one another—for companionship, truth telling when needed, mercy (always needed), and the joy to experience life with one who helps to make the other better. I can count on her to sharpen me, challenge me, and pray for me. She depends on me for the same.

Champion one another. When we choose not to compete, we can genuinely celebrate the other's success. Everyone needs a cheerleader!

God expects us to grow up, and that includes our friendships. "When I was a child, I spoke and thought and reasoned as a child. But when I grew up, I put away childish things" (1 Cor. 13:11 NLT).

I'd like to have the energy and youthfulness (and calorie-burning ability) I had in third grade. But I'll take grown-up, God-given relationships over those schoolyard alliances any day!

CHAPTER 4

NOT MY CIRCUS, NOT MY MONKEYS

Two people are better than one, for they can help each other succeed. (Ecclesiastes 4:9 NLT)

- "I am doing my part. I'm minding my own business."
- "I don't stick my head in the lion's mouth unless I know when he ate last."
- "I water my own grass." (From my granddad. Unique, but clear.)

These are all creative ways to justify withholding advice, insight, or knowledge from someone who needs some help. This attitude is at the heart of the Polish proverb: *Not My Circus, Not My Monkeys.*

Imagine this: a chaotic circus where the music is too loud, the lights are too bright, and the monkeys have escaped their enclosure. They're terrorizing small children, invading the stadium, and helping themselves to the fixings in the nacho stand. There is pandemonium in need of a trained professional to restore order. When the ringmaster hunts down the monkey trainer, he discovers the trainer has packed his bags and is on his way to the train station.

What to do? Might there be another professional handler in the audience to save the day?

Bumper Sticker Be-Attitudes

Most likely. No.

Always wanted to try your hand at wrangling thirty monkeys on the loose? This is probably not the time to test your personal belief that "I can do this!" so stay in your seat, Chuck.

Fortunately for most of us, we'll not be pressed into such challenging and unique circumstances. They're not ones to lose sleep over. But the proverb rings a bell that every Christ follower needs to consider. *What's the right approach—the Godly approach—when we should step up, step in, and help a brother or sister in need?*

Like most questions for the believer, God has an opinion and he's made his thoughts available in his Word. We'll explore them thoroughly, but first, why do we so often give ourselves a pass? Why do we duck out instead of dive in?

There are many reasons:

- "I don't want to butt in. I'm no expert."
- "We've got history. (S)he wouldn't accept my help if I offered it."
- "Where was she when *I* needed help?"
- "They've got friends and family, I'm sure someone will help out."

That last one lets us off the hook by reassuring ourselves there is no need. They have an army of supporters standing at the ready. "I'd just be in the way."

It's not because we *can't* help. We make a *decision to withhold* help. Sometimes, we're unsure we'd be welcome. Often, we lack the confidence our knowledge or experience is sufficient to provide the help needed. And sometimes, our flesh is doing the talking. So, what does the Bible say?

My favorite Scripture on this topic comes from Philippians 2:4: "Don't look out only for your own interests, but take an interest in others, too." (NLT).

God's economy promises a return on every investment of our time, talent, and treasure.

Everyone needs help on occasion. We can make an excuse, or we can make a difference. We could be the answer to someone's prayer. It's all in the choices we make.

Today's Tips and Challenges: Who has a need you can fill? What can you do?

- Take a widow or widower to lunch after church. Ask them to share some of their favorite memories of their spouse and their family.
- Take a single mom to dinner. Offer to babysit once a month, so she can have some time to herself.
- Offer someone who lacks transportation a loaner car or drive them to work when their car is in the shop.
- Mentor someone struggling to find a job. Use your connections to help circulate a resume. Role-play interview skills to help prepare them for success.

CHAPTER 5

Life's a Puzzle. Do You Have All Your Pieces?

Trust in the Lord with all your heart, and do not lean on your own understanding. In all your ways acknowledge Him, and He will make your paths straight. (Proverbs 3:5-6 NASB)

"Complete the jigsaw puzzle found in your backpack. You have one hour for this task."

Oh, this will be fun!

The puzzle was the next assignment in a long list of to-dos. The retreat organizers clearly understood we would need a break at this point from the intense journaling, prayer assignments, and Scripture reading. At first, a full day alone in the great outdoors sounded onerous, but I had enjoyed the time—most of it. And now, a puzzle. *Fabulous.*

I was surprised when I pulled the plain box from the backpack assigned to me. No picture. No clues to what we were creating. *Okay. A mystery puzzle. Tough but intriguing.*

I sorted the straight-edged and corner pieces and completed most of the frame. Seventeen minutes already gone. I was surprised so much time had passed. *Gotta move.* I began to sort by color but found few pieces that fit together. Did I mention the pieces were small? Tiny almost.

I did manage a few multi-piece blobs but couldn't fit them into what I'd already assembled. Thirty-two minutes. *Ugh. This is impossible. Nobody could make sense of this.* But I kept going. The

Bumper Sticker Be-Attitudes

picture looked like a flamingo and a barn might be part of the landscape, but that made no sense. Maybe the pink feathers are not a bird but a Vegas showgirl's headdress. *Oh yes! So much more feasible. Not.*

At the forty-eight-minute mark, I switched my thinking about the clock: *Oh, good. Only twelve more minutes of torture until I'm done.* I eyed the river and thought about tossing the whole mess in the water. But how would I explain the missing puzzle?

When the alarm on my watch rang, I gratefully slid the pieces into the box and turned to the journal page I was directed to once the puzzle was complete. There, I found the following instructions: "Take a moment to ask God the following question, and record the response in the space provided:

"What is God teaching me through this activity?"

I had many immediate thoughts (*before* prayer):

- Who in their right mind could miss this box with no picture?
- What a lesson in frustration.
- Thank God that's over!
- It's just a lesson about patience or something.

Oh. That last one was a bit too familiar. I've often joked that when gifts were handed out in heaven, I thought they said *patients*, and I decided to pass. Let's say patience is not my gift. I'm working to improve.

And then God's Spirit prompted me to do as requested. I prayed and asked the question: *God, what are you teaching me through this activity?*

His answer knocked me for a loop: "Trust. I'm teaching you about trust."

I was stunned. *I do trust you, Father! I've trusted you for my salvation, my family, my finances—everything.*

Then clearly, I heard, "I can't trust you."

I felt like I'd been punched. Hard.

And then, he gently showed me all the times I had *what I believed* were all the pieces of a picture God wanted me to complete in my life. Ministry. Career. Kids. Marriage. Finances. And because I felt equipped, I ran ahead, rather than seek him for each step along the way. Almost as if I were saying, "I've got this God. Go help someone who needs your direction."

Tears came quickly. *He couldn't trust me* with the full picture, because I'd take off without him, running at my own pace, on the course of my choice. Self-reliance at in full bloom. Confident … but often wrong.

He brings this memory to me often as I review the week ahead and establish my plans and activities for each day. I love the process of a new week stretched out before me on paper as I consider the best use of my time. In those moments, he may tap on my heart and remind me of his puzzle principle.

Thank goodness for erasable ink!

Today's Tips and Challenges: What about you? Are you certain you're busy with the work God's called you to do? Are you working his plan … or yours? Even if you are certain you know where he wants you to go, do you know his plan to take you there? Here's a quick activity to help you stay, or get back, on track.

List your top ten priorities.

Review your current planner or calendar.

After the review, be honest and ask yourself: "If a stranger reviewed my calendar, would they be able to see evidence of the top ten items I identified as most important?"

What can you do, starting today, to align your life (and calendar) with his best plan?

CHAPTER 6

NEVER MESS UP AN APOLOGY WITH AN EXCUSE

Confess your sins to each other and pray for each other so that you may be healed. The earnest prayer of a righteous person has great power and produces wonderful results. (James 5:16 NLT)

"I'm sorry. Please forgive me."

Why are those words so difficult to say? For some, asking forgiveness is unfamiliar territory. Others want to explain why the offense occurred. I'm certain I'm not alone on this. There's a strong need—in my mind—to help the other person understand the reason or rationale behind what has occurred. Does the one who was hurt really care? And do they believe our explanation?

We seldom set out with the intention to hurt or offend. I never *plan* to break a commitment or say something thoughtless, but I do. And when I do, I often find myself in a rush to defend myself—to fortify my argument, strengthen my position, and explain my actions. This is especially true when I suspect my behavior doesn't align with my beliefs. In other words—when I know I'm wrong.

One way to identify whether my apology is sincere and comes from the heart is to choose my words carefully and get off my *but*. "I'm sorry I hurt you, *but* you ..." or "I realize now I was wrong, *however*, you made me so mad when you ..."

The word *however* is a dressed up *but*, and *nevertheless* has a PhD in justification. No one can make us behave in a specific way. Their remark or behavior may be rude, hurtful, or inappropriate,

Bumper Sticker Be-Attitudes

but *we choose* our response. God expects us to act in a way that reflects his nature and character rather than react from anger or hurt. If following him requires us to step away briefly to have a little talk with Jesus, so be it.

In those moments, when I am compelled to *explain* my behavior—making excuses—God's Spirit often whispers softly and reveals truth to me which should be obvious. "Stop talking. You're wrong." I know I won't always be right, but I hate to be wrong. Just ask my husband, he knows. But he loves me anyway.

Here's the good news: God loves me too. Even in my less than stellar moments. The one requirement (and a tough one) is to acknowledge my behavior—to step up and say: "Lord, I was wrong." Then, we're free to make our request: "Cover me please and wash me clean." Faithful one that he is, the answer's always "yes."

The work is not done. Not quite yet. There's someone else we need to address, and the conversation is one we will avoid if we can—with the person we hurt or offended.

An apology is not at all complex but often not easy. "I'm sorry. I was wrong when I said (fill in the blank). I know I hurt you (or upset you, or made you feel unimportant)." Don't underestimate the importance of stating the hurtful or angry words. Acknowledge the pain or upset you created. The words are evidence we *understand* and *own* the source of the sting.

And then, you finish with, "will you forgive me?" In that instant, when forgiveness comes, we are once again aligned with our heart's intention, and the relationship is healed and whole. Healed and whole is a good promise in a broken world.

We need to get off our buts. "I'm sorry, *but* ..." sounds like an excuse, which is simply a way to say, "Hey! What I said or did was justified." God asks us to *own* our misdeed–the hurt, the offense, the impatience. Jesus took 100% of my sin, without excuse, petitioning God on my behalf. "Forgive them, Father, for they do not know what they are doing" (Luke 23:24 NLT).

Once complete, life is good, and we become keenly aware of two truths: the frailty of our humanness and the faithfulness of our God. We need him. Just the way he planned it.

Today's Tips and Challenges: Today is simple:

Who's waiting on you to ask for forgiveness? What excuse must you set aside?

Go today—you'll both be glad you did!

CHAPTER 7

I May be the Last Nice Guy God is Sending!

> People who accept discipline are on the pathway to life, but those who ignore correction will go astray. (Proverbs 10:17 NLT)

The lock on the office building restroom door seemed a little loose. I wasn't sure I could trust the door to stay shut. So, when I heard another woman enter, I cleared my throat, putting her on notice. "This stall is not available."

She clearly understood the signal, passed by, and entered the stall beyond mine. The system worked. I took a moment later to consider the unspoken language we all seem to understand.

Sitting in church when my sons were teens often produced another of those *trust is thin* moments. I could see them from my vantage point across the sanctuary as they occupied their usual spot with the youth group across the aisle and toward the front. On occasion, I would see notes passed back and forth or what looked like might be the beginning of "sermon inattention." A quick clearing of my throat carried the message—*I see you. Knock it off.*

The target most often responded with a stiffening of the spine and a slight look over the left shoulder. Direct eye contact finished the job. *Nailed it.*

I've only recently connected *trust* with the universal sign of throat clearing. But once considered, I marvel at the power.

Bumper Sticker Be-Attitudes

Marriage is the ultimate opportunity to *throw the sign*. How many times have we been in a social situation when the conversation began to travel a path one or the other didn't trust would end well? The soft guttural clearing of the throat performed its magic, steering the interaction onto a safer topic? More times than I can recall.

Of course, there are times when the sign is ignored completely (*a failure to yield*) or mistaken for a hay-fever-itch in the back of the throat. The resulting crash and burn is never pleasant. Sometimes, we simply misinterpret the message—an error in comprehension. But often, the failure to yield is a conscious choice to rush on, despite the opportunity to pause and consider.

Initially, this doesn't seem like a godly principle. But I wonder, have you ever experienced the equivalent of a Holy Spirit throat clearing? I'm sure you have. I can't be the only one God knew was veering off course. Involved in a heated discussion for example, you are poised and ready to hurl an angry retort, when suddenly, … you hear God's Spirit. *Ahem*. This is your moment. You are reminded.

Can you trust yourself to respond in love?

Did God send us his Spirit because he didn't believe we could (or would) make the right choices without some assistance? That seems to be the case. He knew we'd need guidance.

The apostle John is clear about the work of God's spirit as he recounts Christ's reassurance before his ascension. "But when He, the Spirit of truth, comes, He will guide you into all the truth; for He will not speak on His own initiative, but whatever He hears, He will speak; and He will disclose to you what is to come." (John 16:13 NASB).

Isn't this the same message we send in the stall, in the pew, or in conversations alongside our loved ones? Consider the moment an early warning system from God. *Don't stop here, straighten up,* or *change the subject, sweetheart*. God's rerouting our path, setting us straight, or sending us to safer territory. The message comes softly, never calling us out publicly, the Spirit flying under the radar to redirect us. Amazingly gentle.

The correction could come from God's spirit. Or could be offered by you and me. We all have those moments we need someone who loves us to say, "I see you. Straighten up. Now."

And you don't want to miss that. Powerful stuff.

Today's Tips and Challenges: Have you discovered the power of a gentle course correction for those you love? A harsh rebuke may stop them in their tracks but may come with a bruise to the relationship. Guiding their conduct in a respectful way reminds them to demonstrate honor and love and can yield a peaceful outcome—all at the same time. Soft rebukes often result in a gracious, "Thanks for the reminder! I almost said something I'd regret." Or, "I didn't realize my anger was getting away from me. Thanks for the heads up without making me look like an idiot."

Consider throwing "the sign" when you see someone about to veer off a God-inspired path. You might clear your throat, make eye contact with a smile, or place your hand on their back. A gentle reminder may be exactly the ticket to reroute a conversation or direction about to derail.

After all, you might be the last nice guy God's sending!

CHAPTER 8

IT'S NEVER TOO LATE TO FINISH, AND IT'S ALWAYS TOO EARLY TO QUIT!

> For God's gifts and his call can never be withdrawn. (Romans 11:29 NLT)

God is the best navigator. We can always get *from here to there* with his guidance. No matter how far off his intended route we wander, he'll guide us to complete his appointed journey. If we let him.

Adults relentlessly ask kids, "What do you want to be when you grow up?" The question was fun when I was five, and I answered, "A singer and actress!" By age ten, I wanted to be "a journalist like my brother." As a high school senior, the questions made me anxious, uneasy, because I didn't know the answer anymore.

I entered college, still unsure of my path, and never once thought about what God wanted to do with my life. Nor did I ask.

At nineteen, I married my high school sweetheart. He's the one constant of which I was certain. And forty-four years later, I'm still sure.

We moved through life, learning together, leading our boys to love and trust Jesus. Music lessons, Little League, and homework at the kitchen table. We hadn't finished college, yet God provided opportunities beyond our expectations.

Bumper Sticker Be-Attitudes

Our life evolved without a real plan, but we've had a great life. We experienced challenges as all families do, but I can't recall a time I wasn't happy.

Not until my sons were grown did I examine this Scripture: "Before I shaped you in the womb, I knew all about you. Before you saw the light of day, I had holy plans for you. A prophet to the nations—that's what I had in mind for you" (Jeremiah 1:5 MSG).

I'm not sure I ever considered the possibilities. What holy plan did he have for me? What was his purpose for my life?

I prayed. I read Scriptures. I asked for my husband's thoughts. I knew the answer was there but elusive, almost hiding from me. I expected a bolt of lightning. The good news? He answered. And there *was* a flash-filled moment of full understanding.

It came at an odd moment—one I never guessed would provide the answer I sought.

In 2010, I lost my older brother, Jack. Though we were not close as kids, we developed a strong connection as adults. Losing him was one of the toughest experiences of my life. His wife asked me to speak at his memorial service, and I agreed without hesitation. Although I had plenty of time to prepare my remarks, the day before the service, I had nothing but a blank sheet of paper.

I knew somehow the words would come. I asked my sister-in-law if Jack saved the cards and letters I'd sent over the last twenty years. We went to his desk, and they were there. Those most significant to him were rubber-banded together, tucked in the bottom drawer.

I read every letter. Some were funny. Others made me cry. Tough to reminisce, but a good afternoon. And from the pile of correspondence, the Lord revealed the story I was to share with those who would honor my dear Jack.

When I took my seat at the end of my time behind the lectern, I felt a warm presence. People were smiling through the tears. His friends and co-workers thanked me. "You made me laugh, you made me cry. But most of all, you made me glad I knew Jack."

Bang! There was the answer. I wrote the message God gave, and people were impacted in a way I hadn't anticipated. Somehow, the arrangement of the words on the page held significance beyond my imagination. I recognized in that moment—*I am a writer*. I'm called to encourage, exhort, and educate through my writing. Several close to me, including Jack, encouraged me to write for twenty years. I dismissed the suggestion, although I'm unsure why. Maybe the timing was not yet right.

Perhaps at age ten, I felt the Holy Spirit's tug when drawn to journalism. As a kid, I missed the significance. Thank you, Lord, for a second chance to hear you. I'm starting forty years later than expected, and I want to finish strong. He never changes his mind about us or his purpose for our life.

It's *never* too late to finish, and it's *always* too early to quit.

Today's Tips and Challenges: Have you realized yet what you are meant to do? Have you asked? What passion or vision has he tucked in your heart? What dream was abandoned for the life that unfolded before you? Today, ask: "Lord, what holy plans have you made for me?" What are you waiting for?

CHAPTER 9

YOU HAVE TO BREAK A FEW EGGS TO MAKE AN OMELET

Therefore, if anyone is in Christ, he is a new creature; the old things passed away; behold, new things have come. (2 Corinthians 5:17 NASB)

"That's really gross. You can't serve that. We have to dump it out and start over." I'd never seen a concoction so unappetizing.

My sister-in-law stared at the blobby mess in the pot on the stove. "Really? You can't fix this?" she asked.

"The only way to fix that dish is to throw it away, and this time, follow the recipe," I said, as I reached for the cookbook.

As a newlywed, she was a beginner in the kitchen. And we'd just discovered she lacked a natural talent for cuisine. She tried to improvise when a recipe directed her to do something she preferred not to do. And now, her husband and his boss were due for dinner before long, and she had nothing to serve them. We soon discovered she lacked the ingredients to duplicate the recipe, so we hastily dug through her cupboards and scoured the fridge. We threw a few items together and hoped her sunny personality would make up for the ruined meal.

It did.

Sometimes, there's just no way to resurrect something without tearing down, throwing out, or starting the process all over again. The omelet cannot appear without changing the original form of the egg.

Bumper Sticker Be-Attitudes

That's exactly what Jesus did in our lives. He didn't try to patch us up and apply a little Spackle to improve on our imperfections. He made us new. Who we *have been* must go so we can *become new* and whole in him. The recipe is quite clear but may require great determination to achieve: "He must increase, but I must decrease" (John 3:30 NASB).

That sounds a bit uncomfortable. I may prefer to stick to *my* recipe, pushing past the directions he thought were important enough to write down for us. Trial and error can delay a good outcome and is exhausting. And as my sister-in-law's attempt proves, we can rarely—if ever—improve on the master's method.

The process at times may appear messy. There might be telltale signs to suggest you've fiddled with the recipe. Just follow his book. It's time-tested and backed by a reliable author.

Go ahead. Break those eggs.

Today's Tips and Challenges: Where have I fiddled with his recipe and failed to follow God's Word and direction? What parts of my life have I tried to manage or patch up on my own, rather than surrender wholly to God? Identify the areas in your life you'd like God to renovate, recreate, and activate. Submit them to him in prayer and invite his Spirit to take the lead. Ask for his guidance in the process and watch the results!

CHAPTER 10

Don't Raise Your Voice. Improve Your Argument.

A gentle answer turns away wrath, but a harsh word stirs up anger. (Proverbs 15:1 NASB)

"Hey! You're pro-life, Deb. Right?" The inquiry came from the back seat.

"Yes, I am, Jason."

"And pro-death penalty, too, I assume?"

"Nope. I don't support the death penalty," I replied.

"Really? Well, that's odd for a conservative Christian, don't you think? I mean, you *would* identify as a conservative Christian, wouldn't you?" Others in the car began to take note of the conversation.

"I follow Christ, yes. I am conservative in my political views. They often seem to get tangled up together, but yes, I'm a Christian, and I am conservative."

"But most conservative Christians support both the death penalty and pro-life, right? Why not you?" He leaned forward to hear, as did the others in the car.

"I'm pro-life for the same reason I don't support the death penalty. I don't believe the decision to take a life is ours to make. That's up to God."

All was quiet for a moment.

Jason slumped back into his seat. "Your argument is far too rational—you're too reasonable. I can't debate with you."

Bumper Sticker Be-Attitudes

And the conversation ended as quickly as it had begun.

Jason is funny, genuine, with unending curiosity about many topics. He's among the most talented people I know. I love to work with him and look forward to our time together.

Jason's also someone who has been seriously hurt by faith. His life choices haven't lined up with what his family required. They believe he's *making a choice against their faith* and he's not welcome in their homes or their lives. He experiences their actions as *rejection fueled by faith*. My heart aches for him.

Jason loves debate and does so with great dexterity. I was surprised he asked about my faith—and disappointed his interest was not intended to know and understand me better. Instead, when the possibility of a debate seemed unlikely, the conversation was over.

To be honest, with a car full of onlookers, I was relieved.

But later, I thought about the exchange. What has happened to the art of discussion? To dialogue—not debate—with the free give-and-take of thoughts and beliefs?

Have you noticed this pattern in your conversations? What do you see on television, social media, and in the news on topics like politics, current culture, and spiritual matters?

- Do you see a genuine effort to understand others and their perspectives through respectful dialogue, especially when opinions differ?
- Do people express gratitude for a respectful discussion to allow others to see into their thought process?
- Are participants able to say, "I don't agree with you, but I appreciate your willingness to help me understand your perspective and hear mine as well"?

A disturbing trend is on the rise. I first noticed the pattern on social media. Someone posts a question, provocative statement, or issue, and invites comments. The posting quickly escalates into a free for all—with one forceful all-knowing statement after another—belittling anyone who holds a different perspective and doing so with aggression and insult.

And in the course of the anger, hostility, and dismissal, *nobody is listening.*

No one gains insight or understanding. We dig in our heels and search for evidence to support our position, convinced we are right.

I'm not likely to be influenced by someone who insults me or my intelligence, and I can dismiss their perspective without a second thought.

Where did that come from?

The internet allows us to interact without having to look anyone in the eye and call them idiots—right to their face—and that's a problem.

When was the last time you participated in, or observed, a discussion that left people clear about the issue and grateful for transparency and vulnerability because we believed people would not attack, deride, or insult us? Civility is harder to come by these days.

As Christ-followers, how can we reach the world for him if we don't care enough to understand the world's hurts, their desires, their fears, and hopes? To value others, we have to listen to their heart, and we can't listen while being only concerned about making *our* point.

I don't know how the world can get to there, but I do know this—I will not betray the one brave enough to express them self, even when I disagree with their perspective or belief. I will respond with respect and request they do the same. I'll seek understanding and insight, share my beliefs clearly and with conviction.

And because I believe the change will only happen when we decide to make a commitment, I will end a conversation when

Bumper Sticker Be-Attitudes

attack and anger replace genuine dialogue, desiring shared understanding.

This is not easy, but I think it's possible.

What do you think?

Today's Tips and Challenges: Think of a time you had a discussion where there was a significant difference of opinion. For questions 1 and 2 below, use the rating scale of 1 to 6, 1 = low, 6 = high.

1. How well did you listen?
2. How respectful were you as you expressed your own perspectives and response?
3. What was the result? Were you satisfied with your behavior? Do you believe God was?
4. Even if you were satisfied, what can you do the next time to create an even better outcome?

CHAPTER 11

Life is Short. Buy the Shoes!

Hope deferred makes the heart sick, but a longing fulfilled is a tree of life. (Proverbs 13:12 NLT)

How many times have you put your plans and dreams on hold?

- "Don't get your hopes up."
- "Better not to do that now. There's plenty of time."
- "Let someone more qualified lead this project."

God is like a proud Papa, waiting in the wings for us to take our place on the stage of life he created for us. But often, we defer, certain we don't deserve what's been given to us.

They were candy-apple-red patent-leather Mary Janes. And at eight years old, I loved those shoes. They were special, and *I felt* special when I wore them. Like Dorothy in Oz, I felt transformed when I put them on.

I was afraid they'd get ruined, so I saved them for important occasions. An invitation to a birthday party? Maybe not. There could be games outside, they could get scuffed. Dinner out with my family? Risky. Someone might step on them in the crowded restaurant.

Bumper Sticker Be-Attitudes

I set them aside and waited for an occasion special enough for my beautiful shoes. A time deemed special enough. But I pulled them from my closet often and enjoyed their beautiful garnet shine.

Finally, Christmas season arrived, with church and family events. These were worthy of my beautiful shoes. I dressed for dinner at our special restaurant and took the tissue-wrapped shoes from the box. I slipped them on. But they wouldn't *go* on. I stood and pushed, hard, but they refused to budge. Mom watched my struggle and shook her head. "Looks like you've outgrown them, dear. Put the black ones on instead."

The black ones? For Christmas? I was devastated. How could this be happening? I'd protected them, preserved them. And now they were too small? I don't recall crying, but I was devastated. All my careful protection and now, the long-awaited moment had slipped away.

How does this relate to today? Too often, we defer a choice we'd love to make. Perhaps we believe the right moment hasn't arrived. Sometimes, we feel we might seem selfish. And on occasion, we tell ourselves we don't deserve an experience so wonderful. Then, without warning, the opportunity vanishes. And just like my shoes, the moment is gone.

How often have you saved something for a special time? We treat these moments like grandma's china, afraid to use them for fear the treasure will get chipped or broken. The dishes gather dust in the closet and are pristinely passed on to the next generation who will follow our example.

We know genuine joy is not found in possessions or opportunities. They are not the point. The shoes were not the issue. I was afraid of damaging them. I felt undeserving to wear them unless the occasion was worthy. *I did not feel special enough* for something so incredible.

We are special to God. Individually, specifically, and uniquely. Special enough that he paid a price beyond our comprehension. He sent Jesus—his best—and he did so because he loves us. How would you feel if you carefully selected and prepared a beautiful gift for your child, and although he delighted in the item, he set it aside to keep it safe, because it might get broken or damaged? Our heavenly Father is no different.

Father God delights in seeing his children happy. Although, not all of life will be without loss or sorrow, his heart is blessed when we live our lives in a way that reflects the awareness *that every moment is special*—because he is present.

"This is the day the Lord has made; we will rejoice and be glad in it" (Psalm 118:24 NLT). Living in the moment keeps us from looking back a year from now with a heavy load of "I wish I woulda."

Today's Tips and Challenges: What gift have you set aside? What ability, dream, idea, or hope have you placed on the shelf because today was not the right time, not special enough? What fears plague you, warning, "I'll just make a mess?" Stop putting yourself on hold. Come on, now's the time to put on those shoes!

CHAPTER 12

CANCEL MY SUBSCRIPTION. I DON'T NEED YOUR ISSUES.

Do not be deceived: Bad company corrupts good morals. (1 Corinthians 15:33 NASB)

"You become like the five people you spend the most time with. Choose carefully."

I'm not certain when I first heard this quote, and I can't recall who said it. Sounds like something my mother would say. She insisted on meeting my friends and asked a lot of questions. As a teenager, her inquiry embarrassed me. As a parent today, I understand her motives.

Teenage girls can create drama, and frankly, I'm not a fan. I learned that lesson first-hand in my sophomore year of high school.

Mary Anne had been my best friend for years. She lived six doors down from my house, and we met the day she moved into the neighborhood. We became fast friends, and from kindergarten forward we were besties and enjoyed weekly Friday night sleepovers. We shared all our grade school secrets. Our alliance continued through junior high, where our circle of friends grew but our connection remained in-tact.

Then, Sandy moved in next door to me. She was cute and sophisticated. My mother used the word "advanced" in a tone that let me know she saw her in a less positive light. And Sandy was looking for new friends. Mary Anne and I welcomed her and

Bumper Sticker Be-Attitudes

began to hang out regularly. In just a short time, I could clearly see Sandy had set her heart on replacing me.

She had her appeal. She was a makeup pro, compliments of her older sisters. Her folks were permissive and imposed few rules. Both worked, and they were not home until the end of the day. She was a boy-magnet and shared her discarded suitors. But when her sisters offered us alcohol one Friday afternoon, alarm bells rang in my head. I went home. Mary Anne stayed.

I knew a trio would be different, but I never expected I'd be the one on the outside. Mary Anne and I were cordial, but that day was the end of an era. Sandy went out of her way to isolate me and enjoyed calling attention to my too-curly hair and the extra pounds I carried. She seemed to relish the win and talked about me with anyone who listened.

It took a while and involved many conversations with my mom, but I realized Sandy's life had been tough. Her family had moved around a lot. She struggled with schoolwork, and although she seemed more confident than any fifteen-year-old I knew, she spoke with a false bravado to cover her insecurity.

I can't help but believe we could have been friends if she'd been open with me. Offering her sympathy or support never occurred to me. She didn't know Jesus and let me know she wasn't interested. She seemed to go out of her way to demonstrate her contempt for anything related to God.

Her brokenness created new issues at every turn. Before long, Sandy rejected Mary Anne as well.

It was a lesson I'll never forget.

Even as adults, we have to make tough choices about who we bring into our lives. Whether you find "corrupt behavior" at work, school, or in the community, we must be clear about who we are and what we will accept.

I once worked in an all-male company with laborers I'd describe as rough around the edges. They were great guys, but profanity was common. I'm not a delicate flower but hearing them take the Lord's name in vain was a painful issue for me. I prayed and asked God for direction. He led me to sit down with several of the men who were leaders, both formal and informal. I let them know the impact of their conduct without taking the Sunday school teacher role or shaming them. I asked if they would consider my request to "clean up the language a little."

I was stunned at their response. They immediately apologized and let me know they hadn't realized how their words hurt my heart. They were remorseful—embarrassed, even. They spoke to the rest of the crew and committed to create a better environment for everyone. And they did.

What would I have done had their reaction been different? I'm not sure. But I am certain if I hadn't addressed it, nothing would have changed. People don't address what they don't acknowledge. Situations like this one reminds us we have a responsibility to bring our concerns to their attention.

The world is full of people with issues—just like you and me. If we are brave enough, we can address those concerns without alienating others or canceling them—and their issues—out of our lives!

Today's Tips and Challenges:
- Who are the people who create drama which leaches into your life?
- What's the impact of these relationships on you? What's your response?
- Read and meditate on the following verses from your favorite Bible translation:
  - Psalm 1:1, Proverbs. 22:24–25, 1 Cor. 5:11
  - Proverbs 11:14, Proverbs 17:17, Proverbs 27:17
- Pray and ask God for wisdom. "Lord, what is your instruction for me in this situation?"

CHAPTER 13

THE LIGHT MAY BE ON, BUT NOBODY'S HOME!

For I can do everything through Christ, who gives me strength. (Philippians 4:13 NLT)

"I'm sorry, ma'am. As I said, there's no reservation for you on our flight to Kansas City this morning."

The ticket agent seemed impatient with my insistence that I did indeed have a ticket on the early flight into America's heartland. The people behind me in line seemed impatient. *I* was impatient.

This guy has no idea who he's dealing with here—no clue how often I travel. I'm no novice. The airport's my second home.

Ugh. I dread this time of year—summertime. Families are headed to Disney, the beach, and perhaps to Grandma's house. The security lines are longer than ever, with infrequent flyers transporting pocketsful of change, strollers that won't fold, and carry-on baggage full of liquids in more than the clearly-stated-regulation three-ounce containers. Tough season for folks like me.

I was frustrated, I needed my coffee, and this agent was delaying my passage through security to Starbucks. I scrolled through the email on my phone to prove to this non-believer that I was indeed owed a boarding pass. *Aha! I found my confirmation info. The evidence was right there.*

"My confirmation number is XIPRT3," I said confidently. The agent looked at the screen I had thrust in his direction.

Bumper Sticker Be-Attitudes

"Yes, ma'am, you are correct. But your reservation is not for *this* airline. You're flying our competitor today. Have a nice flight. Please step aside to allow me to service our passengers." I think he sneered a bit. I definitely got the impression the moment might be the high point of his day.

I stepped aside deflated, embarrassed. Starbucks seemed further away than ever. My frequent flier status had let me down. Not only had I attempted to check in at the wrong airline, I was in the wrong *terminal*. I was thrown for a loop.

I'm a planner, a list maker, a detail-oriented person. I'm annoyingly organized and always prepared. How could this happen?

God tapped me on the shoulder. I could almost hear him clearing his throat.

Yes, I hear you. I knew I was in for one of those heavenly conversations. They occur when my life is out of kilter or I'm stressed. *Like now.* I'll give you the short version, because truth doesn't need a lot of extra words.

I'm burning the candle at both ends. I'm doing too much—too many things at the same time. I'm writing, babysitting grandchildren, running a business, and planning a vacation. I'm starting a website, and we're remodeling our home. All great things, activities to celebrate. But way too much to juggle at once.

"For I can do everything through Christ, who gives me strength" (Philippians 4:13 NLT). I believe the verse wholeheartedly. I just can't do all things *well*. At least, not all the things I place on my plate without consulting the Lord.

This is not my first rodeo. I've been around this mountain before, with the same predictable results. I need to change my direction and ask him to throw some light on the subject.

Giving God my calendar is a big step, a scary step. But I'm overdue. He wants to guide our time, to help us achieve what he has planned for us. I'm ready and willing to surrender. Not comfortable. Maybe not happy. *Ready* will have to do.

What happens when the candle burns from both ends? The light goes out. And for me, apparently, when it goes out, nobody's home. Just ask the guy at American Airlines, Terminal C.

Today's Tips and Challenges: What have you placed on your plate without consulting God? What are the signs they may not belong there? What's the first step to lighten your load?

- Eliminate the unnecessary. Ditch the items you recognize as clutter that do not align with the mission God has for you.
- Delegate what others can take on. Whether at home or on the job, your tendency to hold on to more than the Lord has piled on your plate may prevent someone from a new opportunity made for them. Delegate. Don't dump. Your support and oversite will ensure their success and increases your comfort with letting go.
- Dedicate yourself to the tasks you know God's entrusted to you. Lean in with all the gifts he invested in you and watch your excitement grow!

And avoid the gate in Terminal C. That snarky guy will take you down too.

CHAPTER 14

WHAT YOU PUT UP WITH, YOU END UP WITH

> Instead, we will speak the truth in love, growing in every way more and more like Christ, who is the head of his body, the church. (Ephesians 4:15 NLT)

"Have you told him how you feel about the situation? Does he understand how upset you are?" My friend's tears threatened to spill over at any moment.

"No, I can't really figure out what to say. I've never been good at this. I don't want to *rock the boat*."

"Why not?" I asked. "He's sure rocking yours. He's about to make this big decision, and he's clueless your heart is breaking."

The tears overflowed the brim of her lids and poured freely. She nodded.

"I don't suggest you go nuts, but the two of you need to talk."

I sensed that although she agreed with me, she felt the effort would be wasted. Maybe she's right. She knows her hubby better than I do, but I pressed on.

"You are upset, very upset. You drove off in the car, phoned me, and asked me to meet for coffee. And he's unaware there's a problem or why you left the house. How will this get resolved?" I didn't have personal experience with this particular marital approach.

She sighed. "We'll both be polite this evening. We'll go to bed with little conversation. And in the morning, there will be an

Bumper Sticker Be-Attitudes

implied truce, and then we'll do things his way. Really, I'm okay. It's fine."

F.I.N.E.—Feelings Inside Not Expressed. "Don't make a big deal. It'll blow over." I couldn't disagree more, and I could never follow that path.

How could your soulmate be unwilling to hear your heart? For a lot of married couples, the reason is simple—lack of practice.

After forty-four years of marriage, this is not one of the issues my husband and I struggle with. We express ourselves. *Sometimes loudly.* At least, there's no mistaking where the other stands. We work through our differences, and we resolve them. We move on with life.

I could easily assume my friend's husband is a control freak and domineering. But not in this case—and that's according to her. She finds participating in any discussion where disagreement or conflict is possible so uncomfortable, she simply refuses to go there. She defers to him on every decision. She goes along to get along.

But over time, resentment builds up, and she passes the point of rational discussion. She doesn't trust herself to have the conversation and worries she'll blow up. So, she removes herself from the situation, as she did tonight. She jumps in the car and drives off. Her husband is aware *something* is wrong, but his previous attempts over the years to get her to open up have worn him out. He no longer tries. He rides it out until the storm passes. Just like she does.

Our conversation reminded me of another friend, Jason. His wife, Sharon, was quiet, almost shy. She'd come from a broken home, and the arguments between her parents had terrified her. Jason was a natural leader, and Sharon seemed relieved when he assumed that role in their relationship. He almost never consulted her regarding decisions or direction for their family. Sharon appeared indifferent and disinterested when he made attempts to involve her in these discussions early in their marriage. But she had opinions, which she kept to herself. She remained silent, avoided conflict, and stuffed her emotions out of sight. Until one day, twenty years later, she found her voice: "I don't love you anymore. I've filed for divorce." Jason was astounded.

Theirs was a life that *posed* as peaceful but lacked any true intimacy. An imitation of unity with no compass for emotion, and the needle had been on empty for a long, long time.

Speaking up is a risk. There might be moments of unpleasantness, even hurt. But it's real. It's genuine. *Marriage is always worth fighting for.*

When a couple retreats into silence, they've surrendered any hope for authentic relationship. The enemy enjoys the quiet, when his whisper of accusation rings loudest.

Silence is not peace. Keeping quiet says, "I give up."

The key is simple—choose sides carefully. You're supposed to be on the same side—the side that says *This marriage will stand.*

Today's Tips and Challenges: So, how's "not rocking the boat" working for you? Be honest with yourself. What have you put up with long enough? What conversation is overdue? Perhaps, now is the time you take a stand and brave the discomfort to take your relationship to a new level of connection.

Come on! Rock that boat!

CHAPTER 15

I Didn't Say it Was Your Fault, I Said I Was Going to Blame You

> Then the Lord God asked the woman, "What have you done?" (Genesis 3:12a NLT)

It's the question we dread above most others: "What have you done?"

Often spoken with a specific tone of voice, which lends an urgency to the conversation. "Something's broken, gone haywire or missing, and we believe *you* are to blame." The message seals the deal and leaves no doubt there's a problem, and *you're* in hot water. In the garden, Adam placed Eve in that spot.

God questioned him first—to ask why he'd eaten of the lone forbidden tree. Adam replied, "It was the woman *you* gave me." Shifting the guilt is the dual-purpose answer—blaming God and Eve, covering all possible bases. The Lord did not take the bait, he did not respond, but turned an inquiring eye to Eve, "What have you done?"

The blame game is the oldest in history. Adam blamed Eve, she blamed the serpent—and the world was changed forever. President Dwight D. Eisenhower once said succinctly, "The search for a scapegoat is the easiest of all hunting expeditions."

Human nature's tendency is to shift the blame, point the finger, or throw someone under the bus when things go awry—especially if we are guilty as charged. We want to be out from under the weight of shame. It might have been accidental ("I broke your favorite teacup.") or impulsive ("I should have thought that through more carefully."). There are times the behavior was deliberate, which are the most difficult times for us to 'fess up.

The answer to the question, "Why did you do that?" can be tricky, and the rush to explain ourselves often muddies the water. Worst case, the response sounds like an excuse.

The motive matters to the person who's been harmed, but stepping up to take responsibility, initiate action, and make amends is more important to all involved.

I used to joke that while I'd given birth to three sons, there was apparently another kid who visited often. Perhaps you know him.

"Who left this mess in the kitchen?"

"Not me!"

"Who took the scissors off my desk?"

"Not me!"

And just to add some variety at times, the brother nearest the scene of the crime often was not surprised to hear his name offered.

My husband and I were diligent to teach our boys the importance of owning their mistakes, missteps, and misdeeds, but there were three of them. The opportunity to share the blame—if not shift the guilt entirely—was ever present. Most often, the truth won out, and the responsible party confessed. Tears of shame were followed by hugs of relief. The truth always sets us free.

God is big on personal accountability. Yet his love covers us when we've blown it. God's spirit reminds us in those moments, his faithfulness and justice will forgive and cleanse us if we confess our sin.

God's nature is to be accountable, to take responsibility—as Jesus did when he stood in the gap for us. He was blameless but understood he alone could settle the bill, pay the price, and buy us back as sons and daughters. A life of accountability honors God and reflects his character, and delights the Father.

Today's Tips and Challenges:
Be honest, even if it's uncomfortable. Scripture tells us:
"For we are each responsible for our own conduct" (Galatians 6:5 NLT).

What behavior does accountability require of you? What behavior does responsibility ask you to set aside?

How often do you find yourself challenged to accept responsibility when required of you?

a) most of the time
b) often
c) occasionally
d) never

What will you say or do to hold yourself accountable? What impact will accountability have on you? On others?

CHAPTER 16

I Didn't Come This Far to Only Come This Far

"And who knows but that you have come to your royal position for such a time as this?" (Esther 4:14 NLT)

"How long can you keep this up? Aren't you tired of training the same program with the exact same materials every week? Sometimes twice a week?" My friend looked mystified. "I mean, it's bound to get pretty boring. I couldn't handle the monotony."

She was referring to a major business project I was working on for an important client. For about thirty weeks this year, I will train folks across the country in two-day training sessions, with two classes each week. The material remains the same—it's one of the non-negotiables to insure consistency across the nation. No spontaneous additions of something new or changing the content to relieve the potential boredom. Achieving identical outcomes in Kansas this week as we did in Texas last week requires consistent input. It's always the same, with one exception. The people, of course, are different in each location.

From soup to nuts (and on occasion, there are a few of those) the participants are as diverse as they come. And therein lies the variety that keeps me showing up every week, excited to work with these fine folks. They've taught me as much as I've taught them, and I've met interesting people with fascinating stories. I feel blessed each day I'm with them. It's a routine but not a rut.

Bumper Sticker Be-Attitudes

I'm not ready to jump in there quite yet. But I understood my friend's observation. Routine could create boredom.

But routine is *easy*.

It's stress-free to show up, day after day, doing the same old thing. The routine becomes familiar and safe, if nothing else. It's tempting, even, to choose a path that makes few demands on us. We know how the day will come together—a no-surprise assignment. We settle so easily.

A full life in Christ demands we explore possibilities, push past the humdrum, and place ourselves on notice, because today could be the day Jesus shakes everything up. We should anticipate and actively prepare for the moment, so when it happens, we are ready to go with his flow!

Variety is indeed an essential ingredient to live fully in him. I doubt the disciples would have described their lives as boring. Peter walked on water. Paul survived a shipwreck. John lived in the wilderness. Yeah, maybe not all fun and games, but life was never a snooze! And they each needed to make a clear decision to follow the Spirit of the Lord in the mission he had for them.

Life in Christ can be an adventure. If we are prepared, we too may find our comfortable routines disturbed for such a time as this.

Shake up the predictable and climb up out of your rut. I'm not suggesting we should all quit our jobs, live like gypsies, and hit the road. Take one step at a time. And remember, there's great stuff waiting up ahead!

Today's Tips and Challenges: Start small. Ask yourself:
- What are the tasks or routines that, although once were enjoyable, no longer engage me spiritually, mentally and/or emotionally?
- What am I doing I wish I weren't? What holds me there?

- What interests me? How can I get involved or engaged? What's the first step?
- What's the risk of stepping in? What's the risk of NOT taking the leap?

CHAPTER 17

CHANGE IS GOOD! YOU GO FIRST.

It was by faith that Abraham obeyed when God called him to leave home and go to another land that God would give him as his inheritance. He went without knowing where he was going. (Hebrews 11:8 NLT)

"The only person who likes change is a wet baby."

It was one of my mother's expressions. Mom was a smart lady, but she wasn't a fan of change. Neither was I.

I lived in one house from the time I was three days old until I married. There was an ill-informed, short-lived decision to live in the dorm freshman year. During the early 70s, coed dorms were popular. Obviously, most of my dormmates had managed to live to turn eighteen with almost no good judgment and even less maturity. Do I sound judgmental here? I certainly hope so. I ate off campus, studied in the library, and took my laundry home on the weekend to avoid those nasty washers. The dorm became an expensive place to hang my clothes. My folks agreed, and I wiggled out of my housing contract. Back to my folks and the town I'd remain in for a total of forty years.

Some might say I didn't manage the change well. My brother suggested I should learn to be more flexible, to adapt to new situations. He listed several other times I'd taken a safe course. "Maybe you're too comfortable living with Mom and Dad. Time to grow up, little sister."

Bumper Sticker Be-Attitudes

His comment found its target and stung. *Why did I often quickly decide 'no thanks ... not for me?' What was that about?*

Why do some embrace change with a sense of adventure and others with a feeling of dread? I think we may relate to our past experiences with change.

I didn't have any bad run-ins with a need to adapt prior to college. I didn't have any experience with change *at all*. I graduated from high school with kids I knew from kindergarten. I found security in my small community. Life was comfortable and provided me a no-surprises kind of existence. Life on a carousel. You're always certain about the journey and where the horses are headed.

By contrast, my husband moved ten-plus times before he entered fifth grade. Not just home-to-home, but town-to-town. Multiple schools. He sees change as a world of opportunity—certain life in the new world will be awesome. Rollercoaster in the dark. Unseen twists and turns on the path to who knows where.

Comfort and predictability versus opportunity and anticipation. *Which one do you think God's more likely to major in?*

I realized I not only resisted change, *I resisted God* when he asked me to do something which required change. Opportunities:

- Respond with grace and mercy more often.
- Be like Jesus in this situation.

Those were a challenge, but they were not scary. Others required a trip beyond my comfort zone:

- Move across the country where you know *nobody*.
- Open your home to a friend in need for six months.
- Support your husband's dream of starting his own business.

I needed a major wake-up call, and God's Spirit was perfect for the job. He taught me if I was to be an example of him—his goodness, his generosity, his obedience—I'd need to let go of my personal preferences. Following his lead would cost me more than I'd imagined but brought joy I never knew was possible.

Today's Tips and Challenges: Consider your experiences with change as you respond to the questions below.

- How would you describe your feelings about change?
- How would you describe your experiences with implementing change?
- Identify one change you deferred or ignored that you later regretted? What was the impact of that decision?
- Identify a change that was very successful.
- What made the transition possible? What did you do? What were the benefits of the change?
- How can you use that experience to reframe your feelings about change?

The Word says God is the same yesterday, today, and tomorrow. What does that mean for believers? What does God-inspired change look like to you?

CHAPTER 18

IF YOU HAVEN'T GROWN UP BY SIXTY, YOU DON'T HAVE TO!

And I am certain that God, who began the good work within you, will continue his work until it is finally finished on the day when Christ Jesus returns.(Philippians 1:6 NLT)

I don't believe I've grown suspicious or paranoid as I've moved through life. But for more than seven years, I have been stalked.

It started with notes and sometimes a letter in my mailbox. No signature, just initials. Then, items started to show up in my email. Requesting, almost begging, for a reply. Only once was there an attempt to reach me by phone, but thank goodness for Caller ID. I refused to answer and ignored the message. Rather creepy.

Occasionally, when traveling, I've been asked if I'm associated with the stalker. I'm always caught by surprise, because I can't understand why they'd inquire. There is clearly nothing that would identify a connection, nothing trumpets a relationship. The discomfort grows each time it happens.

The contact has been intermittent over the years, but there has been a steady stream. And always the same—no signature, just initials.

So, who on earth is AARP anyway? And why won't they leave me alone?

It's a bit like a rude birthday card. You know the kind. Usually comes from your brother-in-law and makes some less-than-flattering observation about you getting old. Always a picture of

Bumper Sticker Be-Attitudes

some wrinkly guy with no teeth. Groucho Marx once said, "Age is not a particularly interesting subject. Anyone can get old. All you have to do is live long enough."

But aging is the subject of lots of conversation.

Many of us who qualify for the exclusive AARP club are a generation who stepped up, "sat in," and expressed ourselves with enthusiasm. We discussed topics our parents would never have touched. We wore our hearts (and emotions) on our sleeves. We felt deeply, cried loudly, and made sure we were heard.

What's the message? We made a difference, and we still can if we make the choice to do so. Although the alternative to aging is not enticing, making a daily decision to *live* all the days of our lives may still be tough. In other words, to show up, be present, and continue to contribute to the world around us.

What does God's Word say about making this choice? Plenty.

God chose two women, Sarah and Elizabeth, both described as being in their "old age" to bear two of the most significant men on earth: Isaac and John the Baptist.

Many Old Testament saints not only lived long lives, they were well advanced in age when God chose them for specific roles: Abraham, Moses, Noah, Sarah.

We know Methuselah lived to be 969. But did you know he was in his final one hundred years when he served as a coach to Noah in the "ark building" business?

Clearly, God is not an "ageist." There's no expiration date on our calling. "For God's gifts and his call can never be withdrawn" (Romans 11:29 NLT).

And God doesn't expect us to step out alone. He promises we will be prepared for what he asks of us:

"Wisdom is with aged men, with long life is understanding" (Job 12:12 NASB).

"For everything there is a season,

a time for every activity under heaven" (Ecclesiastes 3:1 NLT).

Among my personal favorites is a familiar scripture from our dear Paul. "Do not conform to the pattern of this world but be transformed by the renewing of your mind. Then you will be able to test and approve what God's will is—his good, pleasing and perfect will" (Romans 12:2 NIV).

God encourages us to be transformed so we can still know and walk in the will of God for our lives. That's powerful.

There is no limit placed on us by age that God cannot and has not overcome. Our part is to show up so the opportunity to finish strong is possible. Author Richard Bach had his own take on Romans 11:29: "Here is the test to find out if your mission here on Earth is finished. If you're still alive, it isn't."

All our Baby Boomer willingness to speak up loudly and ensure we are heard is a great quality. We need to hold on to that spark and invest in the world around us and share what he's taught us along the way.

As in the words of William James: "Act as if what you do makes a difference. It does."

Today's Tips and Challenges:

- What have you hesitated to do out of fear that "someone younger would be better for the job?" How can you overcome your hesitation?
- What gifts and abilities has God placed in your life? How can you use them to bless those around you?

Don't know where to find those who need you? Volunteer Match is a nationwide organization that matches volunteers' interests, skills, and abilities with opportunities to serve. You can find them at: volunteermatch.com

CHAPTER 19

GRIPING AND MOANING ARE NOT DOUBLE TASKING!

> Do everything without complaining and arguing, so that no one can criticize you. (Philippians 2:14-15 NLT)

The word curmudgeon is defined as one who is "ill-tempered and complains loudly about small things." Have you heard any conversation that fits this description around your home or office lately? How about church, your children's school, grocery store, or social media? If not, you might want to have your ears checked.

Much of the time, the grumpy remarks are not on a major topic. It's the small aggravations—the weather or the neighbor's barking dog—accompanied by a whole lot of "Why isn't someone doing something about the situation?"

Everywhere, every day, people complain. There's too much of this or not enough of that. On and on goes the lament.

I'm about to complain about complaining.

Some fall into the complainer category only on occasion—not frequently at all. We all do. Others take up the task as the official pointer-outers in life, launching headlong into a daily diatribe over all they encounter.

There are two categories of complainers—the professionals and the amateurs. I am amused when those who have mastered the fine points of nitpicking speak up. They often begin with statements like:

Bumper Sticker Be-Attitudes

- "I hate to have to say this, but …"
- "Well, if no one else has the courage to point this out …"
- "I feel it's my duty to bring this to your attention."

These are the formal professionals. They sound as though they're sacrificing for those who have no voice, no courage, and no backbone. It's their service to society, and they take the role quite seriously.

Amateurs mutter and gripe—often under their breath—just loud enough to register their complaint and make sure their grievance has been noted.

But no matter the extent of the issue, complaining is a tough habit to overcome. Do we ever consider the impact on the folks in our world who have to listen to the diatribe?

Coworkers may join the chorus to feel included. Church members may go-along-to-get-along but silently grieve when they hear complaints about the pastor, the pews, or what's been described as a powerless message—again. Neighbors might rush in from the driveway to avoid another twenty-minute rant about the poor mail service in the area or the mess the garbage man made when some of the trash blew out of the dumpster.

But it's the children in our lives we should be most concerned about. They may complain because they hear griping so often from the adults in their lives—parents, grandparents, teachers, or coaches. They learn to focus on what's wrong and to expect the worst. And when we look for something to complain about long enough, we usually find exactly what we were looking for.

I recently read about one mother who was determined to end the constant whining of her children. She devised a creative solution. All complaints were to be submitted in writing in a minimum of two-hundred words. She was amazed at how the little stuff vanished. She saw a dramatic reduction in complaints!

There's a lesson there. Keep the little stuff … little. Don't major in the minor. Life is too short for all that griping.

Paul and Silas had much to complain about in prison, yet they chose to praise and sing. While in a concentration camp, Corrie ten Boom rose every morning singing, "Stand up, stand up for Jesus!" Abraham Lincoln experienced a troubled life, yet he persevered.

The spirit of contentment is a character of godliness. Deep peace results from deep trust in God's love and kindness and cannot be destroyed even in the worst circumstances.

Amy Carmichael, a missionary in the early 1900s, suggested with each disappointment and interruption of life "to see in it a chance to die." Not literally, of course, but as a chance to discard self-pity and find contentment in God's purpose.

You set the tone for your day. What's the impact of your conversation today?

Today's Tips and Challenges: Consider Deuteronomy 1:34–35. "When the Lord heard your complaining, he became very angry. So, he solemnly swore, 'Not one of you from this wicked generation will live to see the good land I swore to give your ancestors." Their commitment to complaint kept the Israelites from entering the promised land.

- What promised land is your murmuring costing you?
- What's the cost to others around you? Identify one step you can take today to minimize self-pity and the temptation to complain.

Add that step to your prayers for the next forty days. Ask a trusted loved one to hold you accountable to your commitment.

CHAPTER 20

I Used to be Indecisive. Now I'm Not Sure.

I know all the things you do, that you are neither hot nor cold. I wish that you were one or the other! But since you are like lukewarm water, I will spit you out of my mouth! (Revelation 3:15-16 NLT)

Go to the ball game with Gramps or swim with the kids next door in their new pool?

My brother agonized, his thoughts sliding back and forth as he tallied the pros and cons of each possible choice. Gramps hadn't visited us in Arizona for quite some time. *But that pool!* The heat was unrelenting and the idea of a reprieve from the desert heat was tempting.

Mom reminded him he'd need to decide quickly, the game would start soon. Gramps encouraged him to choose whichever he'd prefer. "But you have to choose, Jack. I've got to leave now if I'm going to make the first-inning pitch. I'm okay with whatever you decide."

Ultimately, Gramps left in time to hear the Star-Spangled Banner, while Jack stood paralyzed in the front yard. He ended up next door and swam for a while but didn't enjoy the pool as much as he'd anticipated. He returned home disappointed, feeling he'd made a bad choice.

He was wrong. He'd made no choice. No choice at all. His *inability to choose* made the choice for him.

Bumper Sticker Be-Attitudes

His story made an impression on me—and still does after more than fifty years.

I wasn't there when the pool versus ballgame decision was made. I had not yet arrived on the scene. And though we didn't truly grow up together, I'd heard this tale from my mom plenty of times. This was one of her life lessons. She wanted to be certain I didn't miss its importance. And when appropriate, she reminded me of this powerful truth—failing to choose is a choice in itself.

Circumstances, opportunity, and timing are not unlimited. They run on a clock. When we struggle to pick a path and delay our decision long enough, the chance to choose often disappears.

Indecision can come with a hefty price tag, often far greater than a missed ballgame with a visiting granddad. There are spiritual connections to this behavior. Our heavenly Father has an opinion about our resolve to be firm in our communication and make our decisions clear. "Just say a simple, 'Yes, I will,' or 'No, I won't.' Anything beyond this is from the evil one" (Matthew 5:37 NLT).

In other words, don't be wishy-washy.

I doubt we see ourselves as indecisive in these circumstances. We see our deliberation as a desire to be more intentional. You may say, "I prefer to think through details carefully and consider the consequences of each opportunity before I make my decision." There's nothing wrong with this approach. Quick decisions often come back to bite us in the southbound lane. But Mom described my brother (on this and several other occasions) as *paralyzed*. Unable to choose, incapable of a decision until the choices were off the table.

I believe fear is often the basis for freezing up when faced with choice. *It's impossible to decide. Both are great options. How can I know I'm making the right choice?* Are you familiar with the term FOMO? Fear of Missing Out. This hesitation clouds our ability to think clearly, and it's not a gift from God. Discernment, however, described as wisdom, insight, and perception *is* and that discernment is available to us through his Spirit. "Ask, and it will be given to you; seek, and you will find; knock, and it will be opened to you" (Matthew 7:7 NASB). He sees the big picture.

God loves us enough to warn us. "For that man ought not to expect that he will receive anything from the Lord, being a double-minded man, unstable in all his ways" (James 1:8: NASB). Single mindedness is God's design for our life. I have determined I will not accept indecision that leaves me unstable and with no expectations of God's goodness, mercy, and grace.

Too often, failure to make a choice results in a decision made by default, which Webster's Dictionary defines as: *failure to compete in or to finish an appointed contest.* The Word instructs us in Hebrews 12:1 to "run the race God set before us."

I've made my decision to run this race. I'll partner with God when the opportunity or situation demands I choose. I'm certain he sees the details hidden from me and will disclose the right path. I *will* finish and finish *strong*. Join me?

It's a matter of choice.

Today's Tips and Challenges: Rate yourself on a scale of 1-6 on your decision-making comfort zone. (1 = lowest, 6 = highest). Then consider these questions:

- How comfortable are you with your rating? How often do you struggle to decide?
- Have you lost opportunities or ended up dissatisfied with a default decision? What was the impact on you and others?
- Consider the content and Scriptures you've just read. Whether outcomes in the past have been good or not, what would you do differently if you could get a "do over?"
- How can you put your plan into action with future decisions?

CHAPTER 21

IF YOU CAN'T BE KIND, BE QUIET

Gentle words are a tree of life; a deceitful tongue crushes the spirit. (Proverbs 15:4 NLT)

Did you know there is a celebration each year entitled National Say Something Nice Day? I'd not heard of the occasion before, but when I did I immediately thought of my mama. The observation of something so important would have made her happy.

She often shared her belief that "If you can't say something nice, say nothing at all." The sentiment wasn't just a slogan to her. She lived the philosophy every day. I never heard her say a mean or critical word about a single person, except her second cousin Hattie. "That girl had a mean streak." She once bit my mother hard enough to draw blood, so I think her observation was valid. But with this one exception, Mom was a gentle and generous soul. She looked for the goodness in every person, and as a result, she almost always found what she was looking for.

Easier said than done.

If you have family, you already know this can be tough duty. Especially in the face of what we often call at my house, "an intense moment of fellowship." If you overheard the discussion, you might think we're engaged in an argument. Some may claim it's a matter of semantics, since the two are quite similar, but we prefer to position the interaction in a more friendly way. Definition aside,

Bumper Sticker Be-Attitudes

when a conversation gets heated, saying something nice is not always the first thought that occurs to me or rolls off my tongue.

And the tongue is often the problem with conflict, don't you think? The Word gives us that heads up. "Indeed, we all make many mistakes. For if we could control our tongues, we would be perfect and could also control ourselves in every other way" (James 3:2 NLT).

Every other way? You mean if I could manage my mouth, I'd also be able to resist the call of Cappuccino Crunch ice cream? Now, *there's* some motivation!

Over the years, I've become more aware of the need to be intentional, more grace-filled when conflict arises. Mostly because the Spirit of the Lord has been persistent to point out missed opportunities, little slips, and major mishaps of the mouth. I'm working on it.

Just remember, we do have an enemy, but our loved one is not our adversary. God asks us to be sincere, never deceitful. And his expectation of us is to speak the truth in love to others when we'd prefer to give them a piece of our mind. Making our point cannot be more important than making our Father in heaven happy.

Today, celebrate the opportunity to say something nice. Find something genuine, not manufactured, and add a smile when you speak. A kiss and a hug can help seal the deal. And if you want to make a super-powerful, positive impression, write down your thoughts. Slip a note in your husband's pocket, the kids' lunchbox, or tuck a card in a friend or daughter's purse. The unexpected discovery of a compliment or encouragement is a prize, making the sentiment so much sweeter. You might just make your special someone's day.

And your mama will be so proud!

Today's Tips and Challenges: Take a quick inventory. Be honest with yourself.

How often do you walk away regretful of a harsh or unkind word you've spoken? What triggers you or pulls you into that behavior?

What's the impact on relationships when the communication—and your best intentions—get away from you?

Identify one strategy you can use to remind yourself to be quiet if you struggle to be kind when the heat's turned up. Say a simple prayer before a conversation you think might be difficult. Meditate on a favorite Scripture.

Here's my personal favorite: "Take control of what I say, O Lord, and guard my lips" (Psalm 141:3 NLT).

CHAPTER 22

Don't Try to Fit In! You Were Made to Stand Out!

> For we are God's masterpiece. He has created us anew in Christ Jesus, so we can do the good things he planned for us long ago. (Ephesians 2:10 NLT)

I've just returned from a fabulous conference. A week filled with new ideas, new resources, great speakers, and a fresh infusion of "I can do this!" I brought home a long list of goals requiring my immediate attention.

That's a lot of pressure. I do believe career-boosting greatness and incredible results are waiting—if I can just find the time and energy.

I saw this quote recently: "Someone busier than you *is* making it happen!" Always a frantic reminder I'm falling behind on my to-do list, and someone is beating me to it! As though *it* (whatever *it* may be) is in limited supply, and only the first twenty-five on-the-ball doers can snatch the prize. Nay, nay. Not true at all.

The pressure is magnified by Facebook. You've seen the posts: "I signed up for three online courses guaranteed to advance my career. The promotion is locked in!" Or "I did an hour on the elliptical at the gym today. Totally pumped!" I'm so far out of the gym loop, I don't even know what the elliptical is.

Please don't misunderstand. I believe progress toward goals are worth the time, and when you move forward, you deserve to celebrate. I'm a to-do-list girl. I love checking off the boxes.

Bumper Sticker Be-Attitudes

But are they the *right boxes*?

Interestingly, I discovered earlier this year there's a "National Be on Purpose Month." I don't think there's a parade or a pageant, but it's a real thing. Please note, the wording in the *official* title is "be" not "do."

Why is that significant? Because as his children, who God called us to *be* is more important than anything we could ever *do*.

Who has he called you to be? It's about identity. We hear a lot about identity these days, but what is it?

The Oxford Dictionary describes identity as: *"The fact of being who or what a person is."* Another from Merriam Webster is helpful: *"The qualities, beliefs, etc., that make a particular person or group differ from others."*

Identity theft is common these days, and I'm not talking about someone hijacking your debit card PIN. The Fallen One is all about stealing what the Lord has given us. (John 10:10). If he can talk us out of who God designed us to be, we may adopt a wrong identity and work to invent ourselves *to become someone he'd not intended*. And often, we choose an imitation of someone we admire. So instead of living as the genuine article—the one and only you—we become a cheap knock-off of someone else.

Author Ken Boa is on target: "Scripture clearly teaches we were never meant to be autonomous individuals who make our own way in this world apart from God. We cannot even know ourselves without knowing God, the one through whom and for whom we were created."

God's imprint for us is unique. He knew us before he formed us in our mother's womb and set us apart. (Jeremiah 1:5). And deep in our spirit, we know that's true. Even when we've adopted a false identity and achieved the success and accolades we've worked so hard for, we're often surprised at the emptiness we experience at the finish line. Authentic individuality, as he created us, is powerful, releasing freedom that can't be duplicated.

We need to protect ourselves against identity theft. He created, crafted, designed, and fashioned each of us, calling us on purpose for a (particular) purpose. I struggle less with this now than ever before, but I maintain a daily vigil. And the spirit of God is invited to tap on my heart when I stray. I keep him busy some days.

Are you *be*coming his genuine article? Or are you busy *do*ing good works?

Today's Tips and Challenges: *What makes you unique?*

Make a list of the qualities, abilities, gifts and talents *that make you stand out from the group and different from others—even if you'd rather not be noticed. While the world is missing the person you were designed to be, no one else is filling your role.*

Are you willing to embrace the identity God created for you? *Ask him to show you how to walk fully in your unique individuality and how he wants you to use you—in all your uniqueness—for his glory.*

CHAPTER 23

I Don't Have a Short Attention Span ... Oh, Look! A Butterfly!

Look straight ahead, and fix your eyes on what lies before you. Mark out a straight path for your feet; stay on the safe path. Don't get sidetracked; keep your feet from following evil. (Proverbs 4:25-27 NLT)

This has been an extraordinary week. A *rock-your-world-pay-attention-and-don't-get-distracted* kind of week.

This week, I dodged a bullet.

Absolutely true. Someone tried to take me out. There wasn't an attempt to kill me. But there was an all-out effort to *distract* me, to entice me away from God's will for me, and reroute me away from the plan he has for my life.

And I nearly fell for it.

For over twenty years, I've been self-employed. God's blessed my business and created opportunities I could never have achieved without his involvement. I'm just not that smart. It's been a joy to go to work each day, and the flexibility has allowed me to honor God's call to write. He created a winning combination.

Even so, there have been some benefits missing—a 401K, paid vacation, medical benefits, stock options. The perks. I've missed them. After fifty, they increase in importance. I think our kids have grown concerned about whether or not we will be able to retire. They picture Mom and Dad in a motorhome parked in their driveway for months at a time.

Bumper Sticker Be-Attitudes

So, when a recent job offer came with generous compensation, increased security, and a great retirement package, the opportunity was tough to ignore. The possibilities played on a fear the enemy likes to whisper in my ear. "You have no security. Someone your age should be more prepared."

Conventional wisdom (and my CPA) hollered, "Go for the big bucks! Take the job!"

We had several weeks to consider our decision. The decision wasn't easy, and wasn't immediately obvious. We prayed and asked friends and family to do the same.

God was faithful. With four hundred-plus miles between us, he gave my hubby and me an identical peace-producing response—a clear answer on the same day: "Not my plan. I am your security."

Once the decision was made, the floodgates opened immediately. Increased business opportunities and ideas to support our long-term security came within forty-eight hours.

God's message was clear: stay the course, don't get distracted. And I had been forewarned.

Two years earlier, a stranger approached me at a retreat. She encouraged me to focus on God's path. She also cautioned me distractions would try to pull me away. At the time, the advice made little sense. I felt very focused, and distraction had not been a temptation. I never considered this might be warning for the *future*.

The attempts to pull us from his plan would be simple to deal with if they were dressed like the Big Bad Wolf—they're not. They come clothed as new opportunity, increased security, or the promise of some desired benefits which cause us to pause and say, "Now that's gotta be God!" They appeal to our humanness and play on our emotions:

- This is a once-in-a-lifetime opportunity.
- If you pass this up, it won't come around again.

- You'd be foolish to say 'no.'
- People will think you're crazy if you walk away.

Seen from a distance, each of these statements were true—when viewed through the lens of the world's wisdom.

I'm not suggesting the opportunity was evil or the person making the offer served the enemy. It's about clarity. When I'm clear about God's plan for my life, I can avoid the attractive options that will distract me from confidently and consistently pursuing what he's placed on my plate.

Clarity can prevent a decision based on fear. God never rewards a fear-based decision. Hebrews 11:6 tells us: "It is impossible to please God without faith. Anyone who wants to come to him must believe God exists and that he rewards those who sincerely seek him" (NLT). A decision motivated by fear is, by definition, not a faith-filled process and will never please him.

Would I have been in sin had I said "yes" to the offer? No, absolutely not! But I would have missed God's best desire for me. Paul expressed his conviction this way: "Don't copy the behavior and customs of this world, but let God transform you into a new person and change the way you think. Then you will learn to know God's will for you, which is good and pleasing and perfect" (Romans 12:2 NLT).

What seems like a rational and logical solution at first glance may not produce the best and most God-pleasing outcome. Be ready to fly in the face of conventional wisdom and let him change you and your thoughts. The rewards will amaze you, and God is honored by our faithfulness. Obedience opens the door to the miraculous, and God's ready to confirm or redirect our thoughts if we ask.

Today's Tips and Challenges: Challenge your thoughts with these questions today.

Bumper Sticker Be-Attitudes

- What distractions are pulling me from God's path?
- What emotions might be at work? Fear? Shame? Doubt?
- What good thing might you need to set aside to do the best thing?
- What conventional wisdom do you need to silence in order to follow God's plan?

CHAPTER 24

MARRIAGE: AN ENDLESS SLEEPOVER WITH YOUR FAVORITE WEIRDO

> May he give you the desire of your heart and make all your plans succeed. (Psalm 20:4 NLT)

My husband, Ron, and I were teens when we married, and neither of us had finished college. He had a pack of siblings, and I was raised like an only child. Ron and I are not wired alike. Not even a little bit. Our family backgrounds are as diverse as our personalities. Not exactly a predictor of marital success. And yet forty-four years later, we're still best friends and very much in love.

Weird? Maybe. I sometimes joke that "he's decided it's cheaper to keep her, and I'm too old to train a new one." More important: we're simply too stubborn to throw in the towel on life together in Jesus.

I'm often asked about the book, *Don't Go to Bed Angry. Stay Up and Fight*, which I coauthored with my husband, Ron. People want to know—"was it hard to collaborate with your spouse?" What they really want to know is—"Did you argue while writing the book?" The question is fair, especially for folks who know how different our personalities are.

Having written two books on my own, this was a different process. As coauthors, our goal was to collaborate. We had to find common ground as we wrote.

We knew writing together might be a challenge. The process of *talking* about conflict had the potential to *create* conflict. In

Bumper Sticker Be-Attitudes

response, we developed a process—a plan—to move forward together. It worked, and we delivered the book to the publisher on time. Hurray! High five!

Once the book was released, however, I had a moment when I realized—we'd be interviewed *together*. Radio. Television. Print. When I was a solo flyer, I determined how the discussion would go, how to get there, and what to say to make that happen. But, as much as I love this man, attempts to manage him—and what he says or does—have never been successful. No doubt, I've tried (and still try at times), but my record is dismal. He's experienced similar results when he's tried to tame me. We're both independent, strong willed, and our commitment to one another is rock solid. We live an exciting life.

I thought through the potential interview disasters that might await us. Stepping on one another's comments, interrupting one another, and—heaven forbid—correcting or disagreeing with what the other said.

Once again, we created a plan. We assigned topics each would cover when interviewed, so we didn't attempt to talk at the same time. The first few times were a bit bumpy, but overall, the process went surprisingly well. We also created a set of signs—our own personal code to signal, "I'd like to take this question," or "you're running on too long with your answer." A simple knee bump under the table or squeeze of the hand, unseen by the interviewer, served as our signal.

Our plan worked—most of the time. On occasion, I ignored a knee bump. Or he did. Or worse, the bump gave way to a *look* and a tighter-than-comfortable hand squeeze. But the strategy *did* work, and we enjoyed the process far more than we ever imagined possible.

A plan can help you prepare for success, and is important in many of life's opportunities. As couples, we get married, change careers, start a family, or buy a home. A strategy provides a path forward and gives you focus, direction, and encouragement along the way. Planning can also create a shared understanding of what's important and what's not worth arguing over. Beats bumbling along, running into barriers, and barely sliding in at the last second. Or not.

What areas in your life might prosper if you prepared a bit more? What are the situations in your life that create conflict? How might a plan provide a smoother process when conflict shows up? Here are a couple of tips to get you started.

Today's Tips and Challenges: Identify the potential stress inducers. What's your track record for winging it? How well does spontaneity work for you? For couples, pressure-points include money, sex, the in-laws, and childrearing. This is the short list, but they're The Big Four. If these topics produce stress or conflict, acknowledge it. At what point does life go south? Once you've figured out where you got off a peaceful path, you can stop next time, *before* you get there. Consult the plan and ask yourself, "How can we move forward *together* on this?"

Create a customized made-for-you map. Give planning a shot. What've you got to lose?

CHAPTER 25

LIFE HAS NO REMOTE. GET UP AND CHANGE IT YOURSELF

And so I tell you, keep on asking, and you will receive what you ask for. Keep on seeking, and you will find. Keep on knocking, and the door will be opened to you. (Luke 11:9 NLT)

"Talk to her. You've got to tell her you're tired of her pushing work off on you. Let her know you will no longer cover up for her or carry her load. You've been letting her slide a long time."

She looked up at me and shrugged. "I know. But I don't want to make a big deal out of this. Suzanne will be angry, and she's the kind of person you don't want mad at you."

I was frustrated by her unwillingness to stand up for herself. "It's taken a toll on you and how you feel about your job. You've been unhappy for months. And the situation will never improve on its own or get any better if you don't have a conversation with her."

She looked at me and smiled. Her expression and the sigh that followed spoke volumes. *I hear you. You're probably right, but that is never going to happen.* "It is what it is," she said.

I walked away. Suzanne had certainly discovered exactly the right person to take advantage of. My friend takes her job seriously, she's not a complainer, and she hates conflict. She will do almost anything to avoid having someone upset with her. She's a frequent flyer on the path of least resistance.

The Suzannes of the world have a built-in radar and find folks like my friend with little effort. They zero in and take full advantage. But I believe others *can't* take advantage of us unless we let them. We must take on our responsibility to create boundaries that are clear and indicate what's acceptable and what's not.

It's not easy to speak up, but finding our voice is essential if we want behavior like this to discontinue. My friend believes she's avoiding conflict, but I disagree. The inner conflict she's experiencing is real, and I've observed the damage done to the "good guy." She's not sleeping well and has to talk herself into getting out of bed each morning. The job she prayed for and once loved has become a daily dread.

When we find ourselves in this position, it's important to pray and seek God's guidance on the most appropriate way to address the problem. But we must address the situation. To let discord continue gives the enemy a stronghold in our lives where anger and resentment can grow.

If the path of least resistance is a familiar and well-traveled route in your life, perhaps today is the day you will finally book a new itinerary!

Today's Tips and Challenges: Whether this is your issue, or one you've observed for someone you care about, consider these tips.

Ask the Lord to give you wisdom and courage. "This is my command—be strong and courageous! Do not be afraid or discouraged. For the Lord your God is with you wherever you go" (Joshua 1:9 NLT).

Commit to righting a wrong when you see it. Others may also be negatively impacted by the situation. There's a reason God pointed out the issue to you. Remember, when know what you ought to do and then not do it, it's sin. (John 4:17 NLT)

Have confidence. God is on the side of justice. "Learn to do good. Seek justice. Help the oppressed." (Isaiah 1:17a NLT). Your willingness to speak up may be difficult for the offender to hear, but this time may be the *first* time they've been confronted in love. You might be the one called to provide an overdue wake-up call!

CHAPTER 26

IF NOT NOW, WHEN?

Don't let the sun go down while you are still angry. (Ephesians 4:26b NLT)

Life often serves us opportunities to test our level of courage. But the heroism required for running into a burning building or jumping into frigid waters to rescue a drowning man is not what I'm talking about here.

No, I'm thinking of something much more overwhelming. Something that requires a deep conviction coupled with courage of unusual proportions. I'm talking about the candid, face-to-face conversation when conflict is on the menu.

Why is it so easy to rationalize, justify, and explain away the need to face the music and do the deed? To go ahead and have the conversation that could quell the anxiety, slay the giants, and restore the normal?

The reasons are numerous. Many hear the voice of their dear (sometimes departed) mother, reminding us that "if you can't say something nice, say nothing at all." And we wouldn't want to let Mom down, now, would we?

Some of us had less-than-stellar models for dealing with conflict. My father, after a heated argument with the adult me once said: "If I had said anything to apologize for, I would. But I didn't, so I don't have to." He bought me a beautiful watch the next day and presented the gift with the words, "And it's not an apology."

Right. So, the issue was smoothed over, but was never *finished*.

Women of a *certain age* were often socialized to believe that being *nice* meant to not speak up, speak out, or disagree with others. Smile politely and nod. Go along to get along.

I was fortunate. My mother taught me that silence and avoidance was not a prosperous path to peace. "It's not the vented pot that blows its lid," she'd say, "it's the one with the lid screwed on too tight that becomes a volcano." Smart lady, my mom.

God's Word seems to agree. "Do not let the sun go down on your wrath" (Ephesians 4:26b NLT).

God wants us to deal with being upset *without delay*. His word indicates he'd prefer we address any anger before the end of the day. He wants resolution and restoration for us, which only happens when we can summon the courage to have the conversations we would love to avoid.

Relationships can be fragile things. They are easily damaged and sometimes irretrievably broken for a number of reasons.

- We insist on our own way.
- We say hurtful things in the heat of the moment.
- We are critical, cranky, and crabby—and take our bad mood out on others.
- We keep score, rehash old arguments, hold grudges, and nurse wounds.

And that's a partial list. Does any of that sound familiar? We are human, and this is our humanity at its least attractive.

But God.

God is the master of relationship. His direction to deal with hurt, conflict, and anger before the end of the day is designed to protect us. Issues left unaddressed will fester and infect the heart and the mind. It's in the silence the enemy's whispers find our listening ear. He accuses others and bolsters our indignation. The chasm quickly widens and the hurt is magnified. Refuse to be a partner with the enemy by finding courage and strength in God's spirit. Step up. Step out. Speak up even if your voice shakes.

I challenge you to delay no longer. Today, make courageous conversation your path to peace.

And you must admit, no matter how difficult the discussion may seem, it's a whole lot easier than the burning building scenario.

Today's Tips and Challenges: Who needs to hear from you before sunset today? Who offended you? Hurt you? Who was the target of your angry words or found themselves on the wrong end of your bad day? Be brave, have the conversation … step up to bring peace!

CHAPTER 27

Laughter is the Shortest Distance Between Two People

> A cheerful heart is good medicine, but a broken spirit saps a person's strength. (Proverbs 17:22)

The issue wasn't humorous in the moment. But it didn't take long to find the funny. Even today, looking back, the memory makes me chuckle.

Not long ago, my husband Ron and I wrote our first book together. Most likely, this will also be our last.

Although I'd published two books prior, this was the first time I'd worked with a coauthor. Writing friends warned collaboration could be challenging, but I'd waved off their red flag with little concern. We've been married for over forty years and best friends since high school. This was going to be *fun*.

As we began the work, we reviewed our forty years together. We recalled both the magic and the tragic. *Reminiscing was fun.* Raising three sons and the days of Little League and Marching Band. Watching them grow into manhood, marry, and start families of their own. The blessing of extended family and great friends. Reminiscing reminded us of God's blessings in our life.

Surprisingly, the process of getting the words on the page wasn't as easy.

We couldn't both work at the keyboard at the same time, so we devised a plan. We'd talk the content through and take detailed notes. Then, I sat at the computer and wrote the chapters.

Bumper Sticker Be-Attitudes

As I wrote, my own personal perspective found its way to the page more than I realized. He pointed out that inconvenient fact.

We each have laser-sharp memories about our life together. The problem is we didn't always remember them *exactly* the same way.

When I completed a chapter, I read the copy to Ron. I noted—fairly often—an odd expression on his face during these times. A look, I realized, of doubt or conflict or confusion. Often, once I'd finished, he'd pronounce: "I think we need to revisit the section about …" He'd then proceed to correct my memory and substitute his own version.

And that's when the trouble began.

How could we have such different accounts of our life together? We were both present. Neither was comatose. And yet, totally different memories. Sometimes the conversations got a bit heated.

Did I mention the book was about marital conflict?

On one occasion, in the middle of what we prefer to call an *intense moment of fellowship,* Ron held up his hand in the internationally recognized STOP position and began searching for something on my desk.

"What are you looking for?" I was more than annoyed.

"Where do you keep all the pens?"

"Why do you need a pen?" I demanded.

Ron snatched a red pen from my drawer. "This is great stuff. For the book, for this chapter. Let me write this down before I forget. What did you just say about—?"

In the moment, I thought, *he's crazy. We've got a deadline, and he's pulling new material from this conversation. We don't have time for this.*

But then, the absurdity of the moment found my funny bone and held on for dear life. We're fighting *while writing on the topic of fighting!* I began to laugh. Not a ladylike chuckle, but a deep belly laugh.

Ron looked up from his editing with a "puzzled" expression. Then the silliness caught him. He joined me in the moment.

Laughter is the shortest distance between two people.

He was right. The material he stopped to write *was* good stuff. Real stuff. The messy marriage mania catches us all if we survive long enough. As a newlywed, I'd have felt hurt or offended. But forty years in the trenches puts life into perspective. And perspective—*how we choose to view and assess the world (and the people) around us*—is an important skill.

If it's not a big deal, don't make it a big deal.

The laughter broke the tension, and we hurried to capture what became some of the best moments of the book. Real. Transparent. Authentic.

Life is too short for drama. The old proverb, *"someday, we'll look back on this and laugh"* is true. I'm still getting mileage out of the memory. But what if we could shorten the timeline and laugh it off *in the moment?*

Father, help us put life in perspective today. Let us choose to view our world through your eyes. Give us strength to resist picking up an offense. You've asked us to do so, Lord, but we must make the choice.

Today's Tips and Challenges: What steps can you and your spouse (or family members) take to keep the small issues of life in proportion? Try creating a "code word" (Pickle!) for when the conversation starts to heat up. Use this strategy to remind yourselves to close the gap with a good belly laugh!

CHAPTER 28

The Road to Success is Always Under Construction

But the gateway to life is very narrow and the road is difficult, and only a few ever find it. (Matthew 7:14 NLT)

"Google it. Just Google the address, would you, *please?*" she pleaded.

"I know where I'm going. I don't need Google to tell me how to get there. I know exactly where I am," his confident reply came.

Ugh. If my dad had lived long enough to enter the high-tech, smart-phone world, this would have been a regular conversation with him. He was a great guy, and he loved to explore new places. Sunday afternoons, we'd often venture out to discover unknown territory.

"Where to today?" my mother would ask.

"I won't know until we get there," he typically said. "But it's going to be great!"

We went some incredible places when I was a kid—I mean, truly interesting. Too bad we could never go back a second time. He had no idea how we got there.

This is often true for life in general. And while the drive often turned out great for my family's outings, there *were* times we ended up absolutely nowhere, impossibly lost, and the day wasted. To make matters worse, the trip home always seemed to take forever.

From a spiritual journey perspective, this can be a familiar route. Have you ever taken a divine detour and ended up lost,

Bumper Sticker Be-Attitudes

landing somewhere you didn't want to be—somewhere God hadn't sent you? Then to add insult to injury, the struggle to return to the right location created frustration and, at times, a meltdown.

I've been there more often than I'd like to admit. On occasion, simple inattention has caused me to miss a turn or stay too long on the wrong road before moving on. Happens easily, no rebellion at play. I just missed the road signs.

Other times, I've forged ahead, confident, (some might say arrogant), resisting the urge to check the map. We all have access to the map. Most of us have at least one, sometimes more than one. The guide is available in many different versions, translated into dozens of languages. Some feature both black and red letters. The red letters are an important feature as they represent the voice of the mapmaker, himself. The best feature is, if we need to ask for clarification or want the turn-by-turn repeated or get an update, all we need to do is ask. Awesome!

God has the best GPS ever. God's Positioning System ensures I'm never beyond his sight. He always knows exactly where I am and how to get me back on track. He's helpful—just like the GPS in my car, where the courteous lady announces, "recalculating" when I'm off-course and directs me to the right path once again. The Holy Spirit does the same thing. Usually, very politely. On occasion, less so.

I've been lost. But never *hopelessly* lost. God has always directed me to reclaim the intended journey, the one he's called me to travel. He even warns us in advance it's a tough route, one many are challenged to navigate.

"Because narrow is the gate and difficult is the way which leads to life, and there are few who find it" (Matthew 7:14 NLT).

The Lord never gives up on me. I *will* get there, despite my stubbornness and pride urging me to handle the situation myself.

Thank you, God, that you never look at me, shake your head, and think, "You can't get there from here." The road to success may be under construction, but it's *never closed*. If I consult the Lord, I *will* arrive safely at my destination—even when I'm not exactly sure where that is. Maybe I inherited my dad's wanderlust, because I'm okay with not knowing. *God knows*, and I'm happy he's in the driver's seat for the adventurous ride!

Today's Tips and Challenges: Consider the following questions:

- How clear are you on God's travel plan? In other words, what is his direction for you now, at this time of your life?
- What type of situations pull you off the path God's set you on?
- When are you tempted to turn off his GPS and make your way alone?
- What signs can you establish as an early warning system to keep you in check and stay on the intended route?

CHAPTER 29

THIS WOULD BE FUNNY IF IT WASN'T HAPPENING TO ME!

A cheerful heart is good medicine, but a broken spirit saps a person's strength. (Proverbs 17:22 NASB)

The month of April has been officially designated as National Humor Month. I don't think there's a parade or a party, but the holiday is a certified thing. April's the time to celebrate a good chuckle, hearty guffaw, or a full-throated laugh. As a faith-first girl, I think of April as Holy Humor Month!

The kick-off (no surprise) begins on April 1—April Fool's Day, with tomfoolery and "gotcha" jokes to mark the day. According to the website proclamation, "National Humor Month was conceived as a means to heighten public awareness of the therapeutic value of humor. Laughter and joy—the benchmarks of humor—lead to improved well-being, boosted morale, increased communication skills, and an enriched quality of life."

God's Word echoes the belief that humor belongs on the believer's agenda as a healthy habit. We've already noted laughter's good medicine. But He has more to say on the subject.

"Be happy with those who are happy, and weep with those who weep" (Romans 12:15 NLT).

When God brought Sarah the baby he had promised, she said, "God has brought me laughter. All who hear about this will laugh with me" (Genesis 21:6 NLT).

Bumper Sticker Be-Attitudes

What do these verses have in common? They both talk about laughing *with* others, not *at* them.

In this same chapter of Romans, Paul exhorts, "Don't copy the behavior and customs of this world."

Have you noticed how mean-spirited the humor in this world has become? The stuff that passes for "funny" in our movies, our books, and on television is often a laugh at someone else's expense. And social media makes poking fun from afar easy.

Though cheap laughs have been popular forever, not until the 1890s did slapstick became king and movies gave birth to a school of comedy built entirely on people getting beat up. This style of humor has a long and popular history—the Three Stooges, Laurel and Hardy, and Charlie Chaplin. Buster Keaton built an entire career on his ability to take a fall, as in he could *take a licking and keep on ticking*. So, ultimately, people laughed at his pain.

As I explored this topic, I discovered a common theme and theory: *pain is the basis for humor.* One article explained, "It's a simple fact; if nobody gets hurt, it isn't funny." For example, when Wiley Coyote falls off a cliff and comes up battered, stars circling his head, that's funny. If he had landed safely, that would not have been funny.

Emotional pain is also the basis of a lot of funny stuff. So, let's add ethnic jokes, gender jokes, even religious jokes to this pile. Weight, appearance, intelligence—all our imperfections become open season for the punster.

The only exception to this rule is when you (or I) experience the sting. When we're hurt, it's painful, not funny. "Just kidding!" is often the joker's response when clearly, the remark found a soft target. Other people will still find your pain amusing, and *part* of the pain is your keen awareness that people are laughing *at* you. Not with you.

So be different. Resist the urge to jump on the cheap laughs bandwagon and march with a kinder crowd. Laugh *with* someone today. Stand up for the target of cruel comedy for the amusement of others. Comfort someone in pain instead of having a laugh at their expense.

I'll bet your kindness will make God crack a big smile!

Today's Tips and Challenges: Think of a time someone laughed *at* you. How did you feel? Name the emotion: shamed, embarrassed, stupid, or humiliated?

Stay connected to your awareness next time you're tempted to join in the fun at someone else's expense.

On the flip side, consider who could use a dose of laughter today. Which of your friends is the "fun" person in your life and never fails to lift your spirit?

Connect today and make plans together. Invite them to a funny movie or a live comedy show. Pull out old photos and giggle over days-gone-by styles and hairdos.

Memorize the message: laugh *with* them, not *at* them!

CHAPTER 30

Youth is Fleeting, But Immaturity Can Last a Lifetime

Therefore, as you have received Christ Jesus the Lord, *so* walk in Him. (Colossians 2:6 NASB)

"I can't hear you, Debbie," my mother said.

I opened my right eye while keeping the left shut tight. "I wasn't talking to you," was my five-year-old reply.

I do not recall the conversation, but it was one of Mom's favorite memories to recount. As she told it, we had experienced a terrible, horrible, no good, very bad day. There had been upset and tears and enough of my strong will to go around. My behavior had been less than desirable, and she was disappointed. She made that crystal clear.

As Mom tucked me in that night, she looked at me squarely and said, "You'd better say your prayers and ask Jesus to forgive you for being so naughty today."

I dutifully bowed my head, closed my eyes, and began my conversation with the Lord.

When somebody tells you to "say your prayers," it's typically not an exhortation. It's a warning, a suggestion that prayer may be the only way to ward off some impending disaster.

Sounds like good advice.

No matter how old we are, terrible, horrible, no good, very bad days hunt us down. Or, as in my case (according to my mother), we pursue them wildly and pay the consequences later. You'd think

Bumper Sticker Be-Attitudes

we would mature beyond those times. But, although we'd expect maturity to come with age, sometimes only age comes along.

As adults, it's tough to acknowledge we still show up on occasion as less than the shining beacons for Jesus we desire to be. It's not always rebellion or a lack of good intentions, but our humanity can speak louder than our spirit. If we're not careful, we can hear our thoughts more clearly than we hear *his* Spirit.

Thank goodness God is not surprised by our behavior. His view of us is a horizontal perspective beginning on the day of our birth and ending the day we go to be with him. As an all-knowing God, it's how he sees our lives. There are no "Oh wow! I did *not* see that coming!" moments for the Lord. He knows us, and he loves us still.

That is why I'm grateful for grace. He has the best open-door policy ever. "Come in and let's talk—you go first," he suggests. "I'm listening." And unlike my childhood nighttime prayer, no observers or witnesses are required to make sure we pray correctly. Just the two of us.

I see him in such a myriad of ways: The King on his throne, the Savior who took back the keys of sin and death, the sweet Spirit who nudges me on the right path, and the loving Father whose lap is warm, safe, and familiar. It's his lap I seek when I come to him, hat in hand to do business and seek his forgiveness. He makes things right—he's *already* made them right, and when I climb down from his lap, I am once again free from guilt and assured my Father and I are solid.

In truth, we are always solid, but the reality of grace is one I struggle to understand on a daily basis. It's incomprehensible with my limited human capacity. I'm grateful my ability to grasp the concept of grace is not required for grace to be effective in my life.

Remember, the next time somebody suggests to you, "Say your prayers," thank them and consider the advice the best heads-up of the day!

Deb DeArmond

Today's Tips and Challenges: How do we mature as believers?

Maturity is a natural outcome of time spent with God. "I have set the Lord continually before me; Because He is at my right hand, I will not be shaken" (Psalms 16:8 NASB).

Spiritual maturity grows as we study and live according to Scripture. "Keep a close watch on how you live and on your teaching. Stay true to what is right for the sake of your own salvation and the salvation of those who hear you" (1 Timothy 4:16 NLT).

Maturity is a matter of obedience and yielding to God. "My old self has been crucified with Christ. It is no longer I who live, but Christ lives in me. So I live in this earthly body by trusting in the Son of God, who loved me and gave himself for me" (Galatians 2:20 NLT).

Maturation is an ongoing process. "So dear brothers and sisters, work hard to prove that you really are among those God has called and chosen. Do these things, and you will never fall away" (2 Peter 5:10 NASB). This entire chapter of 2 Peter 5 is instructive on the topic.

CHAPTER 31

WOULD YOU LIKE SOME CHEESE WITH THAT WHINE?

> Be thankful in all circumstances, for this is God's will for you who belong to Christ Jesus. (1 Thessalonians 5:18 NLT)

I raised three sons in a busy household. The year at its most frenzied peak featured a kindergartner, a toddler, and a newborn—in one thousand square feet. Life could be the best gig ever on good days and so defeating on bad ones. Missed naps could create crabby kids. Meltdowns were rare, but an empty peanut butter jar or a lost toy could push even the best-behaved child into tantrum territory.

Little has changed. Kids are still kids.

"Use your words," is a phrase I hear young moms use with littles lodging a crabby complaint. The protest is often delivered via nonverbal communication. Pouting, sulking, whining, and crying seem to be among the favorite methods to express dissatisfaction with life in the moment. I'm embarrassed to admit, I avoid young families in the grocery store checkout line. It's the impulse aisle—those candy and chewing gum-infused shelves right at eye level for kids. It's the perfect storm, a meltdown melee in the making.

I recently watched a sweet mom at church remind her three-year-old, "If you're upset or need something, don't whine or complain. Use your words if you want me to listen to you."

Bumper Sticker Be-Attitudes

It made me wonder, *does God ever feel that way about me?* "If you're upset or need something, don't whine or complain. Use your words."

Perhaps like you, I have my moments. Times I've needed a nap, or a meal, or maybe a chill pill. Times when my communication dissolved to the toddler-toned whine or the full-blown tantrum. "I'm tired" or "I was upset," are the excuses that accompany the inevitable apology. God's not impressed, but he's faithful to forgive … and he's equipped us to do better.

Consider the tools he's provided. *Words* are at the top of the list.

Words are a gift. The Lord's given us the ability to express our fears, our hurts, our hopes, and dreams. Among his most valuable gifts (especially when feelings run high) is our voice. Words are certainly an upgrade over the whiney complaint of a child.

Words are powerful. God *spoke* the worlds into existence. Our *confession* (words) of faith in Jesus as the Lord transforms us into new creatures in Christ and changes our destiny forever. And James certainly agrees: "In the same way, the tongue is a small thing that makes grand speeches. But a tiny spark can set a great forest on fire" (James 3:5 NLT).

Words matter. Jesus is the living Word. *His words* are the mightiest weapon in our arsenal. "For the word of God is living and active and sharper than any two-edged sword, piercing as far as the division of soul and spirit, of both joints and marrow, and able to judge the thoughts and intentions of the heart" (Hebrews 4:12 NASB). His words are certainly more effective than even the best communication we can create. *His words change circumstances.*

Words reassure and empower. When life discourages, disappoints, or downright devastates, his words give us hope: "For I can do everything through Christ, who gives me strength" (Philippians 4:13 NLT).

I've always delighted in words. I love finding the right ones, the perfect turn of a phrase to express delight or dismay. To praise or petition. Turns out not only does our Abba Father listen to us, he provides us the perfect words. *His words.*

Whining and complaining are ineffective and markers of immaturity. God's shared his opinion of this approach—he's not a fan. "Do everything without complaining and arguing" (Philippians 2:14 NLT). The word *everything* in that verse sounds all-inclusive. He said it, that settles it, whether we believe that's true or not.

Where does that leave you and me? How do we become *reformed* whiners and complainers? Again, we will find the answer in Scripture. "It is the same with my word. I send it out, and it always produces fruit. It will accomplish all I want it to, and it will prosper everywhere I send it" (Isaiah 55:11 NLT).

His Word. Powerful. Effective. Always successful.

Today's Tips and Challenges: This can be a tough one to tame. What's your style when dissatisfied, discouraged, or disappointed?

Do you rush to discover what his Word has to say on any subject to calm and reassure your heart? Do you stand on the promises made to Christ-followers and keep your eyes fixed on God instead of your circumstances?

Or are you quick to complain and whine? Do you look for the welcoming ear of a sympathetic friend? Do you shop for agreement among those who may also jump on the bad-mood bandwagon?

Next time, go to that friend and ask them to pray with you instead! Use your combined power in agreement to advance your petition before the Lord.

Two different options: strength or sympathy. Which will you choose?

CHAPTER 32

I'm So Far Behind, I Thought I Was First!

Don't brag about tomorrow, since you don't know what the day will bring. (Proverbs 27:1 NLT)

"Oh, no problem. I can get to that tomorrow. I've waited this long, one more day won't make any difference."

Sound familiar? It's the theme song for Team Procrastination. Whether it's your issue or one you experience as you deal with others, stalling has the potential to push you right over the edge—and take prisoners along for the ride.

These are examples of tasks we're tempted to put off:

- The dentist
- The Department of Motor Vehicles
- Expense reports after business travel
- Exercise and improved nutrition
- An apology when it's due, but you're not ready to go there yet

All of these tasks are important. All are necessary. Some are essential. But many of us will postpone them given the opportunity.

I'm not an avoider. I tend to make my task list and get items checked off in short order. There are, however, times I consider an alternate approach to the adage, "there's no time like the present." Do these words ring a bell?

Bumper Sticker Be-Attitudes

- "There's always tomorrow. I'll tackle it first thing in the morning when I'm fresh."
- "Don't do today what you can put off until tomorrow."
- "I'm not late for today. I'm early for tomorrow."

God expects us to be diligent. Putting off responsibilities we perceive as unpleasant or difficult, does not demonstrate diligence. It's human, but it's not mature. Tomorrow sounds like a good strategy and may even masquerade as a plan. But for those who put the Pro in procrastinator, tomorrow becomes yesterday much too often.

The Bible warns us about putting things off until tomorrow. Delaying is not a safe bet.

> "So, don't worry about tomorrow, for tomorrow will bring its own worries" (Matthew 6:34 NLT).

> "Don't brag about tomorrow, since you don't know what the day will bring" (Proverbs 27:1 NLT).

God's concerned about the delay of effort and the negative result postponement can create. Damage to you and others can include missed opportunities, poor work performance, and loss of reputation. If you are viewed as unreliable, your Christian walk could be compromised and limit your career advancement as well.

"Procrastination is not a time management problem. It's an issue which centers on our ability to manage negative feelings about tackling a task we see as difficult, overwhelming, or unpleasant." This is why delay the start. Makes sense now, don't you think?

When emotions like fear (*I can't do this?*) or confusion (*I don't have a clue what to do or how to get started*) surface, we delay. Ignore the negative thoughts.

Procrastinators aren't lazy; they're struggling. Often the toughest step is the first one—getting started. Many procrastinators are perfectionists who don't want to take on a task if they doubt their ability to deliver a flawless product or outcome, so they delay tackling the work at all.

God's Word is filled with strategies to implement as an antidote to these issues. Proclaim his truth over fear, anxiety, or confusion and establish the scripture as your first line of defense.

"Don't be afraid, for I am with you. Don't be discouraged, for I am your God. I will strengthen you and help you. I will hold you up with my victorious right hand" (Isaiah 41:10 NLT).

"Be anxious for nothing, but in everything by prayer and supplication with thanksgiving let your requests be made known to God" (Philippians 4:6 NLT).

"For God has not given us a spirit of fear and timidity, but of power, love, and self-discipline" (2 Timothy 1:7 NLT).

"I praise you because I am fearfully and wonderfully made; your works are wonderful; I know that full well" (Psalm 139:14 NIV).

How do you break the cycle from a practical perspective, especially if it's a lifelong habit?

Today's Tips and Challenges: Five Tips to Beat Procrastination

Plan the task. Write down the steps. Identify resources that can provide information, clarification, or direction. Create deadlines. Block out time.

Prioritize and count the cost. Ask yourself, "What will happen if I leave this to the last minute?" "How will I feel if I miss the deadline?" "How will this limit my opportunities?"

Focus on one step or task at a time. Momentum builds when you break work into chewable chunks. Your brain kicks into high gear once you see progress.

Bumper Sticker Be-Attitudes

Take scheduled breaks. Stretch, hydrate, get outside if possible, have a high-protein snack. Respond only to urgent email and calls.

Note what worked and what didn't. At the end of the day, review your wins and misses. Establish a pattern, and continue until you have completed the task.

CHAPTER 33

OLD WAYS WON'T OPEN NEW DOORS

Since God chose you to be the holy people he loves, you must clothe yourselves with tenderhearted mercy, kindness, humility, gentleness, and patience. (Colossians 3: 12 NLT)

My husband and I recently completed what may be our most challenging collaboration in our life, with the exception of creating three marvelous human beings with our bare hands. Well, perhaps that's not exactly how the process worked, but you know what I mean. We wrote a book together. Two heads, two hearts, but one set of hands on the keyboards. It's only practical. Four hands could create a lot of words, but it's doubtful they'd make much sense.

The topic was marital conflict. Trust me when I say, we've personally tested every idea and approach we wrote about in the book.

At one point, we realized we're quite qualified to author such a work. We've disagreed for years. Forty-four years, to be exact. We're both strong, opinionated people who aren't hesitant to share our thoughts. Intensely, at times. But, at least, neither can say, "Gee, I didn't know you felt that way."

Those intense moments, however, have not dimmed the intensity with which we love one another. Our connection is as fierce as it's ever been.

Bumper Sticker Be-Attitudes

Recently, however, during one of those "he said, she said" conversations, I stopped to consider whether the time had come to cut one another a break now and then. The issue at the heart of the discord was trivial but seemed a matter of principle. Or so I thought.

The Lord pulled me up short and encouraged me to examine which "principle" had placed me on my high horse, as my mom might say. "Was it love?" God's Spirit inquired. "Or patience? How about selflessness or humility?

Um. No. The issue was the *I'm-right,-I-know-I'm-right,-and-you-need-to-know-that-too* principle.

The Scripture is not there. Not in the love chapter. Or the Beatitudes. Or the gifts of the Spirit. I looked.

Because he's a good Father, he didn't leave me there. He brought to my mind an odd phrase. *You need to create a margin of error for one another.* What does it mean? Isn't *margin* a financial term? Math is my third language (apparently High Horse is #2). But I looked the word up. Here's what I found.

Margin for (of) error:

an extra amount of something, such as time or money, which you allow because there might be a mistake in your calculations or a change of circumstances.

Hmm ... *an extra amount of something?* Like humility, patience or love, perhaps? *In case of a change of circumstances?* Isn't that where we live these days? At the corner of *empty nest* and *why don't you listen to me anymore?* Our lives have changed, and the circumstances came along for the ride.

When I consider our years together, I'm convinced we've beaten the odds of most who marry as teenagers. We had no clue what we were signing up for.

While we're certainly not old, we do have a lot of data on our hard drive, better known as the brain. We walk into rooms and forget why we entered. And there seems to be more frequent,

"You never told me that!" and "Oh yes, I did" conversations. So how do we fix it? How do we inject kindness, patience, and mercy into our interactions?

Create a margin for error. We must accept there's a *possibility*, no matter how slight, you told me, and I didn't hear you. Abdicate the need to be right. Send the high horse out to pasture. Gumby up—be flexible enough to deposit a bit of extra love to smooth the path. And the concept is not for spouses alone, it's a universal principal.

How do we adopt patience and humility with others? We choose it. Here are some practical ways to make that possible.

Today's Tips and Challenges:

Face-to-face communication. Honor the conversation and ditch the double tasking. Trying to do several things at once creates confusion. Eye contact creates full attention and improves recall.

Check for understanding. Confirm you both heard *and understand* the same message. "So, we need to leave for the airport by 4:30 p.m. You're still comfortable with that?"

Let. It. Go. It's not my gift. Ron once remarked, "It's not enough I eventually agree with you. You want me to believe you're right!" *Why is this a problem for him? Acknowledging I'm right shouldn't be difficult. Right?* And then I hear the Holy Spirit tapping his toe. I hear you. Be like Jesus.

Another definition of margin is: *A place of safety or something that makes a particular thing possible.* Like loving one another, fiercely, all the days the Lord gives us with fewer bumps and scrapes. Or scraps.

And you *know I'm right* about that.

CHAPTER 34

SPEAK UP, EVEN IF YOUR VOICE SHAKES

> But speaking the truth in love, we are to grow up in all aspects into Him who is the head, even Christ. (Ephesians 4:15 NASB)

Not long ago, a young friend asked me, "What's your secret to a happy marriage?" My response took her by surprise. "We discovered it's better to find the courage to fight than the strength to run."

Let me clarify. We don't believe stepping into the ring to take our shots at one another is the best way to come to agreement. That's what happens when we forget Christian marriages have a very real enemy. But the adversary is not your spouse. So, we do fight—the enemy—together, for the life of our marriage. And it's always been worth the effort.

As my husband and I have ministered to married couples, a familiar pattern often appears in what they tell us about their relationship: "We don't fight. We try to avoid conflict. Conflict isn't healthy." So, they retreat into an implied truce, where agreement is pretended, but is nothing more than an illusion. They remain silent, as they disconnect from one another, bit by bit, until there's very little left of the love they proclaimed at the altar.

And this principle is not just for our marriage relationships.

Silence can speak volumes. Quiet is not an assurance of peace. Jesus did not treat relationships he valued this way. My favorite example is found in John 21:15-17.

Bumper Sticker Be-Attitudes

Jesus appeared to several of the disciples after his resurrection. He approached Peter on the beach as the fisherman returned to the shore. He asked, "Peter, do you love me?"

Peter's response, "Yes, Lord. You know I do."

Jesus replied, "Then feed my sheep."

He asked the exact same question not once or twice, but three times. The Bible said Peter was grieved by the insistent question, hurt by the conflict. What was the point? Jesus confronted Peter because He loved him, and the relationship was important to Him. He confronted Peter to restore the connection and to restore him to the call of "feed my sheep."

The *goal of confrontation is to connect*. And to make that happen, the language of confrontation *must* be love. Healthy confrontation requires valor, otherwise known as courage, bravery, or audacious boldness.

What does that look like? Here are three opportunities to bravely step into healthier, more intimate relationships confronting the issues that desire to destroy you.

Today's Tips and Challenges:

Examine your heart first. The flaws in others are easy to see. To see the cracks in our own façade is far more difficult. Do you have to have the final word? Are you quick to point out others' shortcomings but don't see your own? Do you nurse a grudge like a baby at the breast?

Speak up. Bravely say what needs to be said—speak the truth in love. Despite your belief to the contrary, friends and family can't read your mind. One woman told me she was stunned when her husband presented her with a list of grievances, compiled over 20 years, but never shared. Wake-up call!

Confront courageously. Confront the issue, not the person. Be aware of your tone, timing, and the words you choose. "I'd like to talk about what happened last night at your folks'. I was embarrassed when you …" Describe the behavior to address the issue rather than attack the person.

If great relationships were easy to achieve, everybody would have one—but they aren't. Speaking up is a risk, but the goal of authentic connection is worth chasing, even if your voice shakes. Are you brave enough to take the step?

CHAPTER 35

Regret is a Thief

> One thing I do: forgetting what lies behind and reaching forward to what lies ahead. (Philippians 3:13b NASB)

"Would you like to be younger? Is there an age you'd rather be than the one you are now?" Sarah asked. "Any regrets or things you'd change?"

An afternoon out with two of my daughters-in-law turned into a philosophical discussion.

"Not particularly. I enjoy this time in my life. I adore all of you, my grown-up kids, and the grandbabies. My business is established, Dad and I are happy. We're in a good place." And, for the most part, that's true.

In many ways, my life is much simpler today than thirty years ago.

I don't miss 3:00 a.m. wake-up calls to change a diaper or feed a hungry babe. Carpools weren't really a joy ride. Science projects were my Waterloo. *Can't you just put some dirt in a cup and call it a day?* My ability to help my kids in math ended when they hit sixth grade. The minivan smelled like old French fries, and there were always lost books or single shoes without a match needing to be found five minutes before we had to leave for church. There is not a whole lot there I'd care to relive.

But there were sweet times I do miss.

Bumper Sticker Be-Attitudes

The connection of cradling my babies half asleep in the rocker. Little milky mouths, half open, smiling through heavy eyelids. Indescribable.

Cheering them on from the bleachers was a great time. I became their biggest fan, hollering their names as they rounded the bases. Knowing how to cheer them on these days is more complicated. I'm not sure I always get the tone right.

There were other experiences as Mom I savor: graduations, holidays, watching my three sons fall in love, marry sweet girls, and begin careers and families.

Our busy schedules—theirs and mine—make connections a greater challenge these days. We're all adults, we see some things differently, and the diversity of our perspectives can create distance if we're not careful. Sometimes, even if we are.

I'm grateful for the men my sons have become. They are loving, funny, and family focused. I'm grateful some live nearby, and I know that might change in the future. Careers, other opportunities, and interests may take them to new places. I'd be excited for them and sad for me if they relocated, but I'd have no regrets. At the end of the day, we know we're blessed for this time together.

Would I prefer less gray in my hair and better cholesterol numbers? Could I could live without some of the rudest medical procedures known to man? Sure.

So, what about Sarah's question? Regrets? I cringe more over the photos with giant shoulder pads and poufy hair from my twenties than I do over the pictures taken with my family today. I'd rethink the wall we painted raspberry pink in my living room in the 1980s.

But in the grand scheme of life, I have no regrets. My mom used to say "Regret is like a rocking chair. It gives you something to do but doesn't get you anywhere." Her wisdom helped me realize an important truth. Regret is nothing more than unmet expectations from yesterday that will steal your peace and joy today … if you let them.

I'm content. Thank God, I'm wiser today than thirty years ago. Experience changes you, and I'm grateful to say the impact has been positive. The longer I walk with the Lord, the more faithful I know him to be, regardless of my mistakes or poor judgment. God continues to expand my territory to take me places I never anticipated. Life in him is good.

My most prized realization at this moment in my life: I recognize when you set your heart on the things of God, the rest of your life comes together. Less push, more pull. Less striving, more trust. More peace, less panic. Most days, at least.

Regrets lose their hold as you lean into the life God's crafted for today. "The land you have given me is a pleasant land. What a wonderful inheritance!" (Psalm 16:6 NLT).

Today's Top Tips and Challenges:

What regrets rob you of the wonderful inheritance of this time in your life? What past disappointments, decisions, or doubts linger? What's the impact on you and others?

Explore the Scripture from Psalm 16:6, listed above, and create a list of the pleasant, abundant, or favorable characteristics of the land God has given you to occupy.

Pray two prayers: one to release the regrets you've listed. The other to express gratitude for the wonderful inheritance he's given you.

Take note of these two areas on a daily basis: regret and gratitude.

CHAPTER 36

Judging Others Doesn't Define Who They Are. It Defines Who You Are.

> But the Lord said to Samuel, "Do not look at his appearance or at the height of his stature, because I have rejected him; for God sees not as man sees, for man looks at the outward appearance, but the Lord looks at the heart. (1 Samuel 16:7 NASB)

Jesus looks at our heart and pronounces us beautiful, clean, his own. Can we find the beauty in others? Can you choose to see them through his eyes? Many of us may find this a struggle.

"Bless her heart! Obviously, she doesn't have a friend in the world. If she did, they'd have told her that dress went out of style ten years ago. Unflattering, and the color is all wrong for her!"

Meet my "inner judge." She has escaped and is on the loose again. And even when she's captured, trying to stuff a jack-in-the-box back down inside and out of site is almost impossible.

Even though we know the way to escape judgment is to withhold judging others, we can't quite get there. After all, I'm not *really* judgmental ... I tell myself. I'm simply expressing my opinion. The problem is once we start down a critical path, we navigate a slippery slope and we've opened ourselves up to the work of the enemy. God's desire is always to see us build up. The enemy's goal is to tear down.

Jesus was clear—don't go there. In John chapter 8, he himself cautions others not to judge him. As a pastor friend once said, "Jesus couldn't get a job today in his own church. He didn't have

Bumper Sticker Be-Attitudes

a Divinity degree, didn't even attend Bible school, never owned anything of real value, traveled around with a bunch of misfits, and hung out with tax collectors and prostitutes. He needed a haircut and never married." That resume would have been quickly tossed into the "no thanks" pile.

All we have is our paltry human ideals as criterion. And ours is a pretty pitiful set of standards. We forget we are subject to those same standards from everyone who sees us.

Everyone but Jesus.

So, how do we avoid becoming the judge once we've shoved her back in the box? *Don't carry the box around! Burn it on the altar of your heart!* It's not my job to assess and pronounce sentence on those around me on every issue from their fashion sense to their past. My job is to love them, pray for them, share the Word with them, and celebrate the joyful acceptance which comes from our great God. He will address those areas which do not please him. And I bet my opinion is of very little interest to him on such topics.

The Bible has a lot to say on this subject. When God repeats himself often, wisdom calls us to pay close attention. Here are two of his greatest hits on judgment.

> "Do not judge others, and you will not be judged. For you will be treated as you treat others. The standard you use in judging is the standard by which you will be judged" (Matthew 7:1-2 NLT).

> "You judge me by human standards, but I do not judge anyone" (John 8:15 NLT).

As a parent, the Father is none too pleased to see one of his children judged critically. He is quite protective. And he has chosen to use some rather odd folks along the way. I'm pretty sure John the Baptist, hanging out in the wilderness, clothed in animal skins, gave folks a lot to talk about. I feel certain his mama had a lot of explaining to do.

I have a decision to make. *Lord, I will choose to see those around me with new eyes. Eyes that watched the crowd mock you while you chose to see me as beautiful, worthy of your death on the cross.*

Remind me today, Lord, that you alone are appointed and qualified to judge. Help me "burn the box!"

Today's Tips and Challenges: When am I tempted to judge others? What need does the behavior satisfy in me? Examine your heart. Ask God to forgive you, as needed, and invite him to govern your lips when you're tempted to judge.

CHAPTER 37

RESIST. UNLEARN. DEFY!

> Put on your new nature and be renewed as you learn to know your Creator and become like him. (Col 3:10 NLT)

Ron and I began life together with different lenses—we aren't wired alike. Our family experiences as children were not similar. *At all.*

My parents appeared to have no real conflict. Their brief disagreements passing quickly and peacefully. I wasn't privy to every conversation, but the house was small. If they argued, they did so quietly.

I grew up without siblings at home. I never experienced the disappointment of "Give half to your brother" or "It's not your turn this time."

That might sound ideal, and life was good. But I missed a few life lessons. Lessons most adults learn before they stand at the altar in the fancy wedding clothes. Like *sharing* or *putting others' desires above my own,* and that reality isn't Burger King—I *can't always* have it my way.

My brother once offered the adult me a nickname: *She-Who-Will-Not-Be-Ignored.* A bit of a "force of nature," he observed, carrying others along on the wind of my passion. He smiled as he said it, but I'm certain it was not meant as a compliment. Passion can feel a lot like pushiness to those caught up in the storm.

Bumper Sticker Be-Attitudes

I can be rather insistent on how I think things should go—or so it's been suggested. In recent years, I've become more aware of this as the number of pointer-outers in my life has increased, and God has joined the chorus.

Ron grew up in a blended family. His parents divorced when he was six. Ron recalls the arguments between his parents but never knew the source of the volatility. After the split, his mother spoke little of his father, with one exception. Whenever Ron became angry, she'd say, "You're just like your dad."

"Looking back, I realize my anger must have frightened her," Ron recalls. "But for me as a kid, I felt her words were a curse, because I knew she'd endured a lot at his hands. Now, she was fearful I'd grow up to be like him."

Eventually, his mom remarried. Sadly, the situation worsened. Three older stepbrothers came along for what became a bumpy ride. Life was hellish at times. "They were bullies who brutalized me, boys without restraint, who brought chaos to our lives," Ron told me. "My mom and stepdad argued often, and we lived on pins and needles much of the time."

Two very different life stories. While I grew up in a safe, peaceful household, Ron did not. I never felt threatened or at risk. I expressed myself freely. Ron rarely felt secure. His daily goal was to stay off the radar and withhold his emotions. Home wasn't a safe place to express them. At times, restraint was too difficult and resulted in anger.

When we married at nineteen, we had little knowledge of what we were saying "I do" to with a single exception—we loved Jesus and one another. *Fiercely*. We were two kids, poorly prepared for all that we'd face together. Our combined backgrounds weighed us down, and we struggled to live in a healthy way—one which reflected Jesus. We loved each other and were committed to our marriage, but we brought a boatload of baggage and had no idea how to deal with it.

We prayed, and Jesus opened the Word.

"Understand this, my dear brothers and sisters: You must all be quick to listen, slow to speak, and slow to get angry." (James 1:19 NASB).

Let's break that down.

Here are three clear action steps:

- Quick to listen.
- Slow to speak.
- Slow to get angry.
-

I struggled with item #1, Ron with #3, and #2 was rarely used. But we began to see God work. The change didn't happen overnight and can still be a challenge at times, even after forty-four years. Some of the fancy formulas on the topic can be helpful. We've created some to help our readers remember them, but they all come down to these three steps.

When Jesus enters our life, he takes all of us, baggage included. He knows there are behaviors we will have to *unlearn*. He strengthens us to cling to new life and *resist* old conduct. And he empowers us to *defy* the Fallen One who wants to tempt us away from the fullness of the new life Jesus gave us. Not a patched-up, strung-together existence. *A brand-new life.*

Think of the three steps in this scripture as dance steps: quick (listen), slow (to speak), slow (to anger).

Listen! I think he's playing our song.

Today's Tips and Challenges: Remember this applies to all types of conflict, not marital conflict alone.

Identify when you give way to anger most often. Ask Holy Spirit to help you see them.

Write down those situations that make you angry. Knowing them in advance equips you to be prepared.

Bumper Sticker Be-Attitudes

Review the three steps with those close to you. Ask them to help hold you accountable and remind you when conflict or disagreement arises.

Do the dance!

CHAPTER 38

KEEP YOUR ARM AROUND MY SHOULDER, LORD, AND YOUR HAND OVER MY MOUTH!

> The one who guards his mouth preserves his life; The one who opens wide his lips [a]comes to ruin. (Proverbs 13:3 NASB)

A sweet friend, a pastor's wife, shared the prayer she said got her through every day of her life in the ministry: *Lord keep your arm around my shoulder and your hand over my mouth.*

We laughed, but I knew she wasn't kidding. When you're married to the man in the pulpit, every bit of your life is up for comment—how you dress, your jewelry and make-up, how you raise your kids, and even the car you drive.

A heavy dose of perspective about how well you fit the mold is always available. "You don't play the piano? Interesting. We've never had a pastor whose wife didn't play the piano." "Everyone has an opinion and shares freely," reports my friend. She was expected to smile gracefully, nod, and say "thank you." A bit like living under the microscope.

She's not the only one with more than her fair share of free advice and commentary on life in general. There are people in our world who believe they must be heard. They have thoughts to express, by golly, and you are expected to listen … with full attention.

Some are specialists. These are the armchair quarterbacks who have the corner on a specific topic. As the experts in their

Bumper Sticker Be-Attitudes

field, they feel a sense of duty to educate the rest of us. They're convinced their position as the authority in their area of expertise is never threatened by the novice like you and me. As a result of their confidence, they often take us on as projects, hoping to help us cook a gourmet meal, break little Stewart of his pacifier, or see us through the challenge of a difficult project in our workplace.

Others are generalists. These folks have accumulated an amazing breadth of information on a myriad of topics from kayaking in Kauai to kimchi recipes that will boost your immunity and promote a healthy digestive system. The variety of data and their eagerness to speak on those topics at a moment's notice has often amazed me. I can't keep track of my keys, and they can share the latest statistics on the most obscure topic. Due to their gift, they can slip into any conversation and participate fully at any given moment.

How do I know so much about these folks? Let's just say, I've dabbled at times in both of the information expert categories. Or so I've been told by helpful people in my life who shared their observations under the guise of "I'm telling you this because I love you." In fairness, they've often been right. I must be vigilant to not be the person who believes everyone is entitled to my opinion.

How does that understanding happen? What's up with these experts? Some just like the sound of their own voice and must speak first, last, and loudest. Others (like me) are genuine in their belief they are helping others by sharing their knowledge and advice. They don't realize the counsel may not be welcome.

Thanks to my helpful friends, I'm aware talk is cheap, but the ability to listen is prized. We can wear people out with our need to be heard.

Have you ever heard anyone say, "Boy, I'd be all set and extremely grateful if I just had an excellent talker in my life?" *I doubt that's the case.* But countless times, I've heard people in tough situations remark, "I feel like nobody hears me. I feel isolated, and folks don't have time—or the interest—to listen."

Ouch. God gave us ears that don't close and a mouth that does. Might be his method to let us know we should listen quickly and be silent more often. The world is not breathlessly waiting for us to weigh in on all we encounter. The chance to remain silent more often is one we might want to take advantage of.

Please understand. I don't assign the experts a bad motive, although I do think they may lack self-awareness. This is why God puts people in our lives who love us enough to point out our opportunities to be more like Jesus. He misses nothing. He's the expert where listening skills are concerned. I want to be more like him. How about you?

Today's Tips and Challenges: Be brave enough to ask a trusted loved one about your listening skills. This person could be a friend, your spouse, or family member:

- Am I a good listener? *(Follow up with one of the first two questions below based on their response.)*
  - What behaviors do I demonstrate that make me a good listener?
  - What can I do to be a better listener?
- Ask yourself: who listens to me? What's the impact of knowing I am being heard? Who do I know that needs to be heard?

CHAPTER 39

Life is Fragile. Handle with Care

But the goal of our instruction is love from a pure heart and a good conscience and a sincere faith.(1 Timothy 1:5 NASB)

I've not been blessed with what the Bible describes as the gift of a longsuffering spirit. My apologies have often included an acknowledgement of my impatience, coupled with a joke to cover myself. My favorite: "When personality traits were passed out in heaven and patience was offered, I thought a hospital stay might be involved, so I passed on that one."

Clever? Not really. Accurate? Dead on.

I'm surprised I've lived this long, given my impatience is not simply limited to an internal response to frustration. My flaws are obvious and visible to the naked eye—and all who know me well recognize the signs and symptoms. My patience has improved as I've aged, but I'd have to live a very long time to average out as reasonable.

I'm not unkind, but I am opinionated and vocal. This can be a dangerous combination. I often remind myself to "use your inside voice, Deb" when impatience desires to find a way out of my brain and past my lips. My heart, sadly, seems uninvolved on way too many opportunities. Jesus often reminds me to clear the path for my spirit, not my thoughts, to determine my behavior.

Bumper Sticker Be-Attitudes

There are those in life who seem to challenge my commitment to be more like Jesus and believe their role in my life is to test my resolve. And they do so with excellence.

Irene was stellar in this role. Her gift seemed effortless, and she excelled with a level of consistency that confounded me each time I encountered her. She wasn't objectionable, loud, or bossy. Never rude, impatient, or arrogant. She was a soft-spoken people-lover who drove me nuts. Why?

She was needy. And she pursued my friendship with relentless fervor. She bombarded me with requests for lunch and invitations to events. She called, she emailed, and she posted on my social media accounts. She tracked me down at every church service and tailed me in the parking lot. I didn't dislike her, but other than Jesus, we had little in common. That should have been enough.

Each time she called, I talked myself out of saying how I felt: "Sorry! Can't chat at the moment." I didn't want to hurt her, but we were not a likely match. I begged off by citing my workload and family commitments. The rationale was not untrue, but I could have made time for her. I simply lacked the connection and personal motivation required to do so.

I didn't feel good about my response to Irene and was often confounded by my reaction. I knew my behavior was not a reflection of God's spirit, but I wasn't ready to be her BFF. The idea itself suffocated me.

I spoke about the situation with a mutual friend who filled in some blanks for me about Irene. She also shared information about Irene's life before we met.

Never married and in her late 50s, Irene was on her own. When the washer overflowed or the car broke down, her job alone was to deal with the situation. She'd struggled at times to hold a job due to health issues, which weren't evident to the casual observer, including me. Irene was too old for the singles ministry at church and too young for the senior group. She enjoyed the women's gatherings and looked forward to the after-church suppers held at a local restaurant. But often, she was alone.

I felt God nudge me to reflect on how different our lives are. I married at nineteen and have enjoyed the comfort of my husband's love, care, and service to me and to our family for over forty years. I've not taken our close companionship for granted, but I've not often considered what life without him would have been. I can't imagine my world any other way. While some of the details had escaped me, the description of Irene's life wasn't a surprise. Much of her story I could have assumed or guessed, had I cared enough to consider her needs. *Ugh.*

Less obvious, but more significant, I learned Irene was neglected as a child. She grew up with parents who viewed her as unimportant. They didn't care for or meet her needs. They were either unwilling or unable to do so. A childhood of daily disregard created an intense need for validation and acceptance from others at a level most could not satisfy. She craved connection but never developed the ability and skills required to create healthy relationships.

She hadn't failed to understand. I had. Time with her taught me those who are desperate for friendship will be faithful friends. She is.

Life in Christ requires we love one another *as he loves us*. Although the details of Irene's life changed my view, I need not have waited for the facts before responding in love. After all, Jesus knows all the facts of my life—and loves me anyway.

Today's Tips and Challenges: Who are the Irenes in your world? Whose demand for connection, acceptance, and relationship overwhelms you? How can you extend love from a "pure heart, a good conscience, and a sincere faith?" What's the first step you will take to defy your Irene's isolation and need for a friend? When will you reach out?

CHAPTER 40

MATH: THE ONLY SUBJECT THAT COUNTS!

Be devoted to one another in brotherly love; give preference to one another in honor. (Romans 12:10 NASB)

Have you ever been in the middle of a crazy situation and demanded to know "Whose idea was this anyway?" A shorthand version of "Stop the world, I want to get off!" and "Hey! I didn't sign up for this!" It's human nature; we feel better when we know who to blame.

For many, marriage might be regarded as one *crazy situation*. We start with two. Two sets of experiences that came from our four (or more) parents. Insert a dash of dual career aspirations, and a heavy dose of dreams and kids someday. Now … go make a life together. Oh, and glorify God at the same time. Sounds like a recipe for disaster. The reality shows thrive on this stuff—Dr. Phil, Divorce Court, and the embarrassment called Cheaters.

So, who thought this was a good idea?

The Bible is clear about the author and inventor of marriage. "Haven't you read the Scriptures?" Jesus replied. "They record that from the beginning 'God made them male and female. This explains why a man leaves his father and mother and is joined to his wife, and the two are united into one'" Matthew 19:4-5 (NLT).

And those are *red* letters, friend.

Bumper Sticker Be-Attitudes

From the beginning, his was a unique mathematical equation: 1+1=1. If that sounds impossible to us, we're wrong. But it's not easy, either.

Forty-four years ago, I married my high school sweetheart at nineteen. I've joked after all these years I'm too old to break in a new one, and he's decided it's "cheaper to keep her." We've learned a lot about life, one another, and God. He is on our side. Not *my* side. Not *my husband's* side. *Our* side. He's on the side of the 'one' we promised to become. And some days, that promise is tougher to keep than on others.

God knew we'd struggle to set aside our human nature (me first!) and live according to his plan. *God* expects to be first. And our spouse is next in his order of priorities.

This leaves me as priority #3 in my life, which runs contrary to our own selfish nature. But if I prefer my husband and he prefers me, we are each well cared for. The relationship is in order when we submit to God as our authority.

If priorities get out of order, if just one item tries to move up—my job, or friends, even our kids—the math equation begins to crumble.

There's good news! God is present when we forget how to add up the cost. And since he created marriage, he's provided the perfect math tutor. For us, the Lord often starts with a plan.

I once watched my dad try to assemble a bike without the instructions. Not a pretty sight, as he wore himself out with frustration and anger. The experience was emptied of any joy.

Sounds like some marriages I know. The delight is gone, replaced by frustration and disappointment. The hope-filled promise of adventure became a journey to anger and pain. And the entire time, the "instruction manual" gathers dust on the bedside table as the couple tries to figure life out—often with the help of friends and the latest Oprah-endorsed book.

They no longer have enough hope or ambition to fight. An argument, at least, implies enough interest in the relationship to engage with one another. Silence is not peace, but says, "I give up."

The Word is clear as stated in Matthew 19:6, "Since they are no longer two but one, let no one split apart what God has joined together" (NLT). *Not even the couple.*

Stop mourning your challenging marriage and start fighting *for unity*. Open the manual and seek instruction. God's Word never returns without results, so have confidence in his Word.

When marriage works, it's evidence of his presence in the couple, in the family, and strengthens the Church. Strong marriages demonstrate God's love, grace, and mercy—and his power to overcome the mathematical odds for success.

Marriage is crazy math. But in him, the numbers all add up.

Today's Tips and Challenges: We bring our baggage with us when we marry, and like the overweight suitcase, there's a cost. What areas of your married life often don't add up? How can you work together to ditch some of the same old arguments? Unpack some of the junk and lighten your load.

If your spouse is unmotivated to work on life together, you go first. Multiply your marriage satisfaction by tackling and unpacking the issues you can resolve on your own. *You can only manage you.* Don't worry about keeping the plus and minus columns equal. Do your part. God will do his.

CHAPTER 41

Fight Truth Decay!

But speaking the truth in love. (Ephesians 4:15 NASB)

"Laughter is the shock absorber that softens the blows of life."

This was my mother's favorite reminder that life is filled with pain and hard knocks, but laughter can carry us through to the other side.

My head is filled with memos from mama.

- "The only person who really likes change is a wet baby."
- "Don't make me take you to the north forty." (The last warning before a spanking).
- "If you had everything, where would you put it?" (When I'd asked for something she thought I didn't need.)

My mother had a unique and pragmatic outlook on life. And enough unusual expressions to create her own dictionary. She's been gone almost twenty years, and I'm still stunned at how often, in the midst of a challenge, a heartbreak, or an opportunity I hear her practical Midwesterner's voice. Most often it's a soft supportive tone, meant to encourage. Occasionally, the delivery is sharper, to help redirect my thoughts quickly when I might not realize time is short and the best choice won't wait. I can't count the times her words have echoed in my heart and set me on the right path.

Bumper Sticker Be-Attitudes

Down-to-earth, practical, and no-nonsense advice is tough to come by these days. Sometimes, the facts are inconvenient or uncomfortable to address. And the older I get, the more political correctness and sensitivity training I'm exposed to. Peppered by social media and the mainstream news, I believe the approach has caused us to move further from telling the real truth—with love—and the more watered down our message becomes.

Please don't misunderstand. I'm not an advocate of using the truth as a battering ram. I support speaking up when the cause of Christ is advanced or at times when injustice is present. The truth is also essential when we have the opportunity to build up, encourage, or exhort others to live more like Jesus. This is what the word of God asks us to do: "Speak the truth in love" (Ephesians 4:15a NLT).

Truth is compelling. Honesty has the power to touch the heart and bring our thoughts and actions into alignment with the life Jesus died to redeem. Facts *persuade*. Truth *transforms*.

Here are three practical ways to express truth with Mama-inspired confidence.

Pray before you speak. Be certain what you're sharing is the truth and not your opinion. When we ask God's spirit to help us distinguish between *the truth* and *our opinion,* we fulfill the remainder of the verse in Ephesians 4:15: "… growing in every way more and more like Christ, who is the head of his body, the church." (Ephesians 4:15b NLT). The truth is found in Christ, not *our version* of life as we think life should be.

Truth will set you free too. The truth receiver and the truth teller are blessed in the process. When we walk in the truth, we are free—released and confident to share openly with others, assured we will convey the message of our heart. The ability to express our concern comes easily and communicates love, not criticism. We can't shame people onto the right path. Encouragement and exhortation of God's Word must be the foundation.

Don't over-communicate your message. Mama's messages spoke to my heart because they made me think. Her truth, God's truth, could become *my truth* only when communicated with love, not lecture. The battering ram rarely finds an open heart. Jude 1:20 reminds us to build one another in the faith.

What message is God waiting for you to deliver? What's holding you back? Fight truth decay, and share your thoughts—in love—today!

Today's Tips and Challenges: Review the three bolded tips listed above. Which of these might need a fresh commitment, motivated by your desire to tell the truth in love, whether you're comfortable or not? Who are those in your life that might be overdue for a conversation with you? Set a time and day to meet, and support them with a love-laced message of truth to motivate their heart!

CHAPTER 42

NO ONE CAN DRIVE YOU CRAZY, UNLESS YOU HAND THEM THE KEYS

> A stone is heavy, and sand is weighty, but the resentment caused by a fool is even heavier. (Proverbs 27:3 NLT)

Have you ever known someone gifted in the fine art of irritation? An expert at exasperation? One who can upset you quickly with no effort whatsoever?

Most of us have someone with the ability to push our buttons on a regular basis—and does so with a flat hand to get as many as possible at one time.

They can appear in any area of our lives: friends, family, at work, in the neighborhood, and in Sunday services. Even at church, there are those who are gifted at eliciting the groan, grimace, and sometimes the regrettable response.

Let's be clear. I'm not talking about the friend who fails to return calls or the co-worker who clips their nails in group meetings. These are annoying people, but the behaviors aren't deal breakers.

I'm focused on the self-appointed pot-stirrers, playing devil's advocate in every discussion to "liven things up," even when their conduct creates upset or division. The gossip who can't resist sharing what they were told in confidence. The arrogance of one who believes their opinion is the final word and chooses anger when challenged. This is the short list.

Bumper Sticker Be-Attitudes

My mother might have called these folks "her cross to bear," defined by dictionary.com as: *A burden or trial one must put up with.* The dictionary examples included an "*onerous task, a difficult relationship, or a particularly stressful situation.*"

My experience is that difficult relationships *become* an onerous task, which *creates* a particularly stressful situation! What's a Jesus-loving, Bible believer to do when this occurs?

Love is the highest calling for the Christ-follower; it's not a suggestion. The Bible is clear: "So now I am giving you a new commandment: Love each other. Just as I have loved you, you should love each other" (John 13:34 NLT).

Are there any exceptions to this rule? I'm not aware of any. The endless debater, the know-it-all, the perpetually self-absorbed, and the altogether unlovable. We are expected to love each one. Some of us *were those people* before finding life in Christ. Some of us may still dabble there on occasion.

The big question for those of us struggling with these relationships is: "Must we welcome those who create heartburn, heartache, and havoc to be our BFF?"

Nope. Nyet. Nuh-uh. In fact, the Bible warns us about doing so.

> "Do not associate with a man given to anger; Or go with a hot-tempered man" (Proverbs 22:24 NASB).

> "If people are causing divisions among you, give a first and second warning. After that, have nothing more to do with them" (Titus 3:10 NLT).

> "Fools think their own way is right, but the wise listen to others" (Proverbs 12:15).

We are to love them, but God releases us from close association with these.

Why?

Because the connection can become damaging. Just as he establishes guidelines for those deemed poor companions, he helps us decide who to live life with.

> "Walk with the wise and become wise; associate with fools and get in trouble" (Proverbs 13:20 NLT).

> "Therefore encourage one another and build each other up as you are already doing" (1 Thessalonians 5:11 NLT).

> "Friends mean well, even when they hurt you. But when an enemy puts his arm around your shoulder—watch out!" (Proverbs 27:6 GNT).

> "As iron sharpens iron, so a friend sharpens a friend" (Proverbs 27:17 NLT).

The Scriptures above are essential. They charge friends to encourage, instruct, challenge, and confront one another. Why? To support becoming the best versions of ourselves possible. A true friend does not step back from potential friction but engages wholeheartedly to benefit the other. This is an act of love, not arrogance or the desire to demonstrate one's own superiority.

The people we allow into our inner-circle, then, are key, as they have access and influence reserved for those we can trust without question. Their presence determines much of who we are and who we will become. This is not a door we should open without prayerful consideration.

The call to love others is always present. Love does not require we invite all who may desire access to our inner-most thoughts,

Bumper Sticker Be-Attitudes

hopes, and details of our lives into our confidence or make them our constant companions. The boundaries you establish need to be appropriate and healthy. They will save your sanity and preserve your peace.

Please remember—no one can drive you crazy unless you hand them the keys!

Today's Tips and Challenges: Are there relationships in your life that routinely create stress, anxiety, and frustration without the addition of much positive value? Have you given these individuals greater access (or are they pressing for greater access) to your life than you think wise? What boundaries will you put in place to "take away the keys?"

CHAPTER 43

BE YOURSELF—EVERYONE ELSE IS ALREADY TAKEN

> Therefore, be imitators of God, as beloved children. (Ephesians 5:1 NASB)

I'm always moved by the stories of God's faithfulness when I hear of a life transformed under dramatic or tragic circumstances. I'm awed by God's power to rescue, restore, and recover what seems hopeless and lost, when lives teeter at the very edge, and God swoops in and saves the day. Marriages rebuilt. Cancer healed. Injustice made right. A myriad of miracles that herald a faithful Father.

Those stories amaze and inspire us and leave a mark on our hearts. They create deep impressions that pull us toward a savior we desperately need.

I've often felt apologetic, even embarrassed, because I have no such dramatic story.

I'm not an addict in recovery, was never caught up in a cult, my husband never cheated on me, nor has he ever been abusive. I never lost a child to an incurable disease or a tragic accident, and I haven't been healed in the face of a death-sentence diagnosis.

I have no testimony.

Or do I?

I met Christ at seventeen, wed at nineteen, and have been happily married for forty-four years to the incredible young man who introduced me to Jesus. God blessed us with three amazing

Bumper Sticker Be-Attitudes

sons, all of whom serve God, along with wonderful faith-filled wives. We have seven adorable grandboys and one beautiful granddaughter. Neither of us finished college, and yet, we've each run our own businesses for almost thirty years.

Life hasn't always been perfect, but it's always been good, and we've always been centered on God. Not very dramatic, right?

But God rescued me from a life of sin, just like the former addict. He saved me from sadness and loneliness, like the abused wife. And he has protected my marriage from adultery and abuse. He has been faithful to his word at every step of my life. His spirit has warned me, rebuked me, instructed me, and redirected me. He has gathered me in his lap and dried my tears.

I *do* have a testimony; it's the one he created for me. I don't need to jazz the story up to compete with those dramatic stories I've heard. I'm living *my* testimony, just as he envisioned.

God made each of us to be unique, to fulfill a specific purpose. Trying to dress up our stories to add a little drama may be tempting, but the approach fails to honor the person he's called us to be. Our identity is wrapped in his purpose.

He desires we live our authentic selves, to fully walk in the plan and purpose for which he created us. He knew us before he formed us in the womb—and he equipped us to fulfill the call he's placed on our lives. We are to be imitators of Christ … and no one else. The real you, the genuine article, is better than any cheap knock off of somebody else.

We need to stop trying to fit in. We were made to stand out.

Today's Tips and Challenges: What's *your* story? Who needs to hear about what God has saved you from? Tell your story to someone today, glorify God for who he made you to be!

CHAPTER 44

Either Wait on God or Wish You Had

For I know the plans I have for you," declares the Lord, "plans to prosper you and not to harm you, plans to give you **hope** and a **future**. (Jeremiah 29:11 NASB)

There are times when wisdom suggests we stop and assess our surroundings, our life, our choices. This often occurs as we complete one assignment and consider the next. *Is this where I thought I'd be? Am I happy with where I am?* Sometimes the answer, even for a planner like me, has been "absolutely not!" But often, I've landed in a better spot than I'd expected. That's not a quick achievement and demanded a great deal of patience. Time was required to release some things and embrace others. You can't do both at once. Lot's wife would back me up on this.

God has a unique plan for each of us, and he promises to light our path. Yet we're not always confident or comfortable with his roadmap. We may flounder for direction and wonder whether we can get "there" from here. We can—if we seek *him*—moment to moment.

Here are four steps to SEEKing him:

- Stand Fast
- Enter In
- Embrace His Direction
- Know God's in Control

Bumper Sticker Be-Attitudes

Stand Fast. The first direction is one of my favorites. We've had circumstances that reinforced the power of this concept …

We reminded our five-year old to stay close in the busy mall but gave him directions should we get separated in the crowd. *Stay put. Stand in the same place you were last with Mom and Dad. Don't leave that spot.*

But in the moment, Cameron panicked. He ran from the store out into the mall, determined to get to our car. In his mind, this made sense. I recall that moment as among the scariest experiences ever with one of our kids. Although just fifteen minutes passed to locate him, it felt like forever.

"I had to find you before you left me," he sobbed. "I couldn't wait. I felt like I needed to go."

Sound familiar? Even as adults, when uncertain about the direction we should take, we become impatient and sometimes panic. And we run, as though God might go on without us, leaving us behind. Whether five or fifty-five, when the path is unclear—*stand*. Stay put, confident he led you there and he'll set your path and tell you when to move. You're not lost; He knows where you are. But don't get too comfortable. You'll need to listen closely to discover your next step.

Enter In. "My sheep listen to my voice; I know them, and they follow me" (John 10:27 NLT). We recognize the voice of those we talk with often. When my husband calls, he doesn't announce his identity. I know his voice. The same is true with God. Enter into time in his Word, in prayer, and sit before him quietly. The unique connection helps us recognize God's voice and builds our confidence to move when he says, "Go."

Embrace His Direction. Prepare to open your heart to a path you hadn't considered. The plan might not be the one you envisioned and perhaps not the one you hoped for. You do have the option to set out on a route of your own making. But you may find yourself, like my son, running desperately from place to place, to "get to the car" before you're left behind. The first step to embrace his plan is to let go of yours. Consciously lay your preference aside, and ask for the courage to move in the direction he's provided. When you set your heart on something other than God, or God's plan for your life, expect disappointment.

Know the King's in Control. You've done the hard work. Patience prevented you from running ahead. Time in his presence tuned your ear to his voice and opened your heart. When he says "go" step out of your comfort zone and advance in the direction he's set for you. You are ready to move forward!

Today's Tips and Challenges: Share God's plan for your life with a close friend or family member, and ask them to hold you accountable to faithfully follow the plan. And remember, no matter how long it takes, when God works, it's always worth the wait!

CHAPTER 45

BEAUTY IS IN THE HEART OF THE BEHOLDER

But you are a chosen race, a royal priesthood, a holy nation, a people for God's own possession, so that you may proclaim the excellencies of Him who has called you out of darkness into His marvelous light (1 Peter 2:9 NASB)

Do you know what a *picker* is? A picker is someone who finds value in what most of us might easily discard. It's become America's new obsession, with TV shows and magazines dedicated to reclaim and recreate something grand from broken and discarded items.

Weekend warriors haunt estate auctions, Salvation Army stores, garage sales, and even the dump. I once saw a man pick up a love seat my neighbor had taken to the curb for the garbage pickup. I'm certain the picker had a vision of what the piece could be.

Some might consider these items junk, even trash. Pickers find treasures in every old garage and country barn. It's all in the way you envision the possibilities.

My sister-in-law and her husband were the first pickers I ever met, and they were active long before these guys on TV. Not long ago, my brother-in-law posted a photo online of a trunk he found in the trash at work. He took the dilapidated trunk home, cleaned off the grime, and handed the piece off to his wife. She worked her magic with a little paint and flair, and voila! A treasure emerged—resurrected from the garbage heap. Beauty is found where you choose to see it.

Bumper Sticker Be-Attitudes

Sounds a lot like our life in Christ. At least, that's my personal experience.

Jesus *picked* me. He saw in me a treasure, someone of significance. In his eyes, I was priceless, beautiful—though I'm certain my value wasn't obvious to the world around me. I never considered myself extraordinary for a single minute. I never imagined that out of my existence could come a life of joy, peace, and abundance far greater than anything I deserved. I was ignorant of the true appraisal of my worth. The life I lived had little purpose or vision to guide me.

But God. God prized me as precious, of significance so great he would send his perfect son to purchase my life. He viewed me with his heart and saw the life of Christ alive in me. He didn't just clean me up. Through his precious blood, he lovingly restored me to the original he had in mind when he created me. "For we are God's masterpiece. He has created us anew in Christ Jesus, so we can do the good works he planned for us long ago" (Ephesians 2:10 NLT).

And unlike an earthly picker looking for trash to treasure, I will never again be available for sale. He bought me, straight out, to keep as his own.

How is the transformation possible? Like the picker's prize, God has a vision of what we can be. Beauty is in the eye of the beholder.

Today's Tips and Challenges: Spend some time today to gain greater insight in how God sees you as his beloved son or daughter. Start with the verses listed below. Notate or highlight the words he uses to describe the characteristics, qualities, and descriptions of his children, and any promises he's made to us.

Then go to him in prayer. Ask him to adjust the lens of your heart to allow you to see yourself as he sees you.

- Psalm 139:14

- James 1:24
- Jeremiah 29:11
- John 1:12-13
- Galatians 4:7
- Ephesians 1:13-14

CHAPTER 46

HE WHO ANGERS YOU, OWNS YOU

He who is slow to anger has great understanding, but he who is quick-tempered exalts folly.(Proverbs 14:29 NASB)

The jabs continued over several days. An accusation here, a return volley there. The anger ramped up as each new insult was posted. Two people close to me were struggling with an issue. What began as a difference of opinion soon developed into a full-blown melee when the disagreement became public. Turns out they were more comfortable conducting this brouhaha over social media than having a discussion face-to-face. Not a great idea. Facebook might provide the appearance of distance, but the heat was obvious.

Each response seemed to up the ante, with the addition of the unholy trinity: disrespect, accusation, and insult. The addition of new participants as others weighed in created a situation that seemed impossibly divisive. Some defending Player A, and some speaking on behalf of Player B, even though they knew few of the details of this specific commotion. There were some who urged discretion and those looking to incite the riot to a fevered pitch.

A social media message doesn't have a tone of voice until the reader assigns it one.

I'm not sure when this thought occurred to me the first time, but I believe it's true. I kept thinking cooler heads would prevail,

Bumper Sticker Be-Attitudes

that someone's mom might show up and pull the plug. Problem was, these weren't kids. These were *the moms and dads*.

Come on, somebody bow out, disconnect. I kept hoping somebody would blink. Similar to a train wreck you didn't want to watch, but couldn't turn away. And the crowd kept growing.

Taking sides in a battle you don't own is messy, and counterproductive. Like cheering on the lion to take one more swipe at Daniel to see if his victory is sure.

A fight requires two participants willing to keep the bitterness and badmouthing alive. At any time, either person can walk away.

"Fire goes out without wood, and quarrels disappear when gossip stops. A quarrelsome person starts fights as easily as hot embers light charcoal or fire lights wood." (Proverbs 26:20-21 NLT).

Walking away doesn't mean *you win* or *I'm wrong*. Withdrawing means *I value the relationship more than the win. I'm withdrawing because I choose* ***you***. It's not easy to do, but God's Word instructs us to do so, and he promises the fire will die when we stop adding fuel. The issues may not be resolved and most often there are still hurt feelings and wounds to deal with, stuff to work out. But the heat turned down means the firestorm sputters out.

The Scripture is also a reminder to the onlookers, those in the peanut gallery, to disperse. Pray and ask God whether you're called to help broker peace between the warring parties. If not, mind your business and pray from a distance. The loss of the spectators makes stepping away from the fray easier on the active participants' ego.

When my two dear ones on social media "came to themselves" and remembered who they are (as did the prodigal son) they were humbled, remorseful, and ashamed. Their relationship was restored, but the process didn't happen overnight.

Be clear: humility is a sign of strength and maturity, not weakness or defeat, to walk away. Pride, ego, and arrogance lose and there's a chance for love to prevail.

Don't ever forget … two are required to do the dance. When the next dust-up comes your way, wrangle the tango and sit this one out!

Today's Tips and Challenges:

Keep private discussions private. Nothing delays peace like an audience. For others, it's like going to the movies. There's no need to focus on their own human frailty when they've got ours to observe. Take the dispute offline.

Yield to those who offer counsel. Those not personally involved can help provide insight and suggestions more readily than the ones caught up in the emotion of the moment. They can serve as mediators to support a productive discussion if both parties are open.

Online disputes are damaging. To you, to your reputation, and to your perceived maturity. You may lose face (or favor) with friends and family. A job opportunity or acceptance to a program or position might be jeopardized. Hiring managers routinely research and consider social media activity to gauge candidates' character and ability to communicate.

Be honest with yourself. Is social media problematic for you? Can you manage yourself respectfully online when you differ with opinions on hot topics like politics or faith? If not, hide those individuals who create upset or provoke anger in you. We may be the only bit of Jesus some see.

CHAPTER 47

Tact is the Act of Making a Point, Without Making an Adversary

A gentle answer deflects anger, but harsh words make tempers flare. (Prov. 15:11 NLT)

The title of this chapter comes from a surprising place—Isaac Newton.

Seems Newton wasn't just a gravity genius. He apparently was a relationship guru as well. He must have come from a big family.

The age difference between my brother and I was a big gap. Mom said it was like raising two only kids, so we had little in common. We grew close only after I grew up.

As a result, I had my folks all to myself. I never needed to call "shotgun" for the front seat. Didn't have to split the last cookie with a sibling. Never knew the heartbreak that comes from hearing, "let him go first today."

Sounds like a good deal, don't you see? I won't lie—it was a great life. When examined, however, there was a dark side. There are a few things missed in the growing up process for the only child—or as in my case—those raised as an only child.

The first time my newlywed husband smacked me in the face with his pillow as we made the bed, I was stunned.

"What was that?" I asked.

"A pillow fight. It's fun." He grinned. I did not.

"No, it's not. Don't do that again."

Bumper Sticker Be-Attitudes

This brand of playful combat, along with tickle fights and various other oddities, were a mystery to me. I'm sure Ron saw the moments as family fun, most of which I'd missed in life. But they weren't the most important items I had yet to discover.

I hadn't learned to share. Or at least to share *graciously*.

I eventually developed the ability over time, but the lesson wasn't easy. I wonder how I ever avoided being pushed out, pushed down, or voted off the island. Looking back, I'm grateful life hadn't gone that way.

So now as an adult, I watch as we all struggle with the urge to "have it our way" even in our most important relationships: our marriages, with our kids, in-laws, and even grandparents. We prefer to campaign for the outcome we want. It's tough to set aside your own preference without getting sulky and sullen.

But sitting back to let the loudest voice lead is not healthy, either. And without a balance of grace, a bunch of love, and some in-the-moment-clarity around who we are in Jesus, that's often what happens. The conversation goes south, tempers flare, and we either retreat to our corner or we go all in. Neither approach contributes to healthy relationships.

These moments create opportunities. Most are opportunities no one wants to take advantage of. Who wants to stick their head back in the lion's mouth? Especially if we've taken a turn as the king of the jungle ourselves.

How do we create the balance, achieving adult-level conversations without the drain of the drama? How can we have candid discussions that bring a peaceful resolution, even if we don't achieve 100-percent agreement? Any time we land on a solution we can both live with while respecting our relationship and honoring God is a good outcome.

Effective communication skills, coupled with the Word of God, is a foundation that will stand every time. When delivered tactfully, you might find yourself creating a happy and unexpected solution.

Here are two Spirit-led reminders, designed to help us walk in love.

Today's Tips & Challenges:

Prefer one another. "Be devoted to one another in brotherly love; give preference to one another in honor" (Romans 12:10 NASB). Preferring the interests of another is counter-intuitive to the flesh. Preferring others will always cause them to sit up and take notice, because the world doesn't operates this way. It's a pleasant surprise and serves a dual purpose—and draws attention to our great God.

Love does not seek its own way. Contrary to the commercial's promise, you can't get it your way—at least, not every time. Set your own demands aside and listen with an open heart to what's being said. Be willing to be changed by what you hear, and remember: *the way* you say *what you say* matters.

Do you sometimes fall prey to OCS—Only Child Syndrome? Even if you had siblings, do you sometimes expect or demand for yours to be the final word? At times, we all do. When you catch yourself using volume or drama to overpower another, let that be your alarm to recalibrate the conversation and create a peaceful outcome. Tact matters!

CHAPTER 48

BE A FOUNTAIN. NOT A DRAIN.

A cheerful look brings joy to the heart; good news makes for good health. Proverbs 15:30 NLT)

"You need to look at the bright side," she said.

"Bright side? Where do you see a bright side? This just happens to be one of the worst days of my life!"

Hadn't she heard a thing I'd said? Her cheerfulness confounded me. To be candid, her attitude was getting under my skin a bit. Her optimism continued as she listed the options she saw as potential upsides to the calamity.

I realized I must not have explained the depth of the situation well enough for her to see it accurately. That must be the problem. If I had been clear, she'd be wringing her hands in agreement: the circumstances were a cataclysmic boondoggle.

It was obvious my dramatic reaction was warranted. At least it was to me.

She was *smiling* and appeared focused on depriving me of my moment of sullen sulkiness. I was looking for someone to join my pity party, and she had no interest in attending. And a party of one is no party at all.

She is a sweet sister in Christ, filled with God's Spirit, and a devotee of his Word. I might have known she'd be all spiritual about my disappointment and committed to encouraging me. I should have been grateful. But in the moment, I sought a friend

Bumper Sticker Be-Attitudes

to back me up, to decry the unfair situation, and condemn those responsible for my pain.

Nope. Not her style.

She lives with an awareness of God's joy that defies explanation. I've known her for years. She's a great listener with a tender heart who doesn't judge others. But she challenges me when I stray from God's call to love, fail to demonstrate patience, or trust in the Lord's goodness. She does it because she loves me.

Joy is a decision, not a circumstance.

We find our joy in Jesus, in God's word, and the gift of life in him.

The Bible is clear that despite our circumstances, our finances, or our position at the moment, joy is a choice.

> "Even though the fig trees have no blossoms, and there are no grapes on the vines;even though the olive crop fails, and the fields lie empty and barren;even though the flocks die in the fields, and the cattle barns are empty,yet I will rejoice in the LORD! I will be joyful in the God of my salvation!" (Habakkuk 3:17-18 NLT)

> "The LORD is my strength and shield. I trust him with all my heart. He helps me, and my heart is filled with joy. I burst out in songs of thanksgiving." (Psalm 28:7 NLT)

A faithful friend who can be a fountain of joy is a gift from the Lord. Especially when we're swirling the drain with emotion that denies our status as children of the Almighty God, Ruler of the Universe, and Savior of our soul.

Not always easy, but essential to life, is his simple command: "Always be joyful" (1 Thes 5:16 NLT).

Today's Tips and Challenges: Spend some time to consider the following questions?

What's your quick response when things don't go as expected or life is difficult?

How has your reaction benefitted you and lifted you beyond the situation? And how often has it held you down in upset, anger, or sadness?

Ask the Lord to bring you a fountain of his love, joy, and commitment in those moments. Get started by meditating on his word. The Psalms are a rich source of verses on the topic. Depending on the translation, the word joy appears approximately two hundred times in the bible. Here are a few verses to get you started.

- Job 8:21
- Psalm 9:2
- Palm 68:3
- Psalm 90:14

CHAPTER 49

THE TRUTH WILL SET YOU FREE, BUT FIRST IT WILL TICK YOU OFF!

And you will know the truth, and the truth will set you free. (John 8:32 NLT)

Freedom is wonderful, isn't it? Who doesn't want to be free? Freedom is made possible when we know the truth, according to God's Word.

But what if being free goes down a bit hard? You've been just fine, thank you, until someone enlightens you with a hard nugget of biblical truth. His Word is always beneficial, even when it's tough to swallow.

"You, right there. In the polka dots. Please stand." Adrenaline raced to my heart. I stood.

There were three thousand women poised to hear the speaker for a segment on personal ministry. For some, this was new and acknowledged by the leader.

"The intent of each word spoken here today is to encourage and exhort. Please know the Lord has specific words for each of us daily. Time limits will require we address those God specifically directs us to. Remember, a word given to another may apply to you as well. God is the best multi-tasker!"

Early this morning, I prayed: *Oh, Father! I believe you've set a new desire in my heart. It's both wonderful and scary. Please, let me*

Bumper Sticker Be-Attitudes

hear from you today—that I'm on the right path. I knew chances were good three thousand similar prayers had gone up that morning.

So, with the request to stand, I felt special. God had singled me out. And then the woman spoke.

"What I heard for you was to draw near. Draw near to his holiness, draw near to him. You'll be changed from the inside out as you draw near. But distraction is drawing you away. And the Lord is saying, bring your eyes back to him."

I did *not* see that coming. *Draw near? I'm distracted?* I've never felt more focused! *I'm drawn away?* I don't think so.

Her words were not what I expected and not what I'd hoped for. I sat down as a hurricane of emotions rose. Tears rushed in as I took my seat. My two closest friends flanked me on either side. Neither looked at me.

I picked up my notepad to capture as much as I could recall. My friend, Cindy, handed me a sheet of paper, where she had recorded nearly all the woman said. I reviewed her notes. I'd heard what she said correctly.

She missed the mark, I thought. *Or at the least, she stopped short of all God wanted to say.* But God's Spirit spoke quickly and directed me to make a decision about what I had heard.

This didn't feel like encouragement or exhortation. I felt chastised, corrected. What I had hoped for was very different: *You are called, Daughter. You have clearly heard my direction. You'll have influence in the kingdom and touch many lives.*

The very fact I'm disappointed is evidence the word given is probably accurate. "*I'm still disappointed, Lord, but I receive your instruction. It's grace and mercy speaking, Lord. I choose to receive this word as a gift from you.*"

How very spiritual of me.

For the next several hours, during our afternoon meal break, however, I replayed her words and tried to convince myself the message was in fact, not for me. *There must have been more than one woman in polka dots.*

I got through the rest of the afternoon but felt disjointed. I rode home with my daughter-in-love, Sarah. I shared my feelings and how the speaker's words bothered me. She was supportive but surprised. "Remember yesterday when we talked about your dad? How he loved and supported you. Always made you feel special. You described him as loving, protective, and forgiving."

All true.

"Did he ever spank you? Or discipline you often?"

"No. When that happened, it usually came from my mom."

"Hmmm," she said, as she twisted a section of her red hair. "Maybe you're just not used to hearing correction from your father."

In that moment, she became God's trumpet of truth, bathed in love. "Just something to think about," she added softly.

I was quiet the remainder of the drive. She let me be alone with my thoughts.

In my excitement about this wonderful new assignment, was I distracted? Was I so busy with the activities that I'd disconnected from the activator? Distanced from God?

My answer was an uncomfortable "Yes."

My Father warned me because He loves me. The equivalent of my earthly dad's admonishment: "Step back from the curb, Debbie! Pay attention! Keep your eyes open to what's going on around you!" God wants me to pay attention too. To focus on him, to make him the object of my passionate pursuit. Time in his presence will naturally produce the outpouring I so desperately seek, and this "scary, wonderful thing" will seem possible, empowering, and within my reach.

I had asked for confirmation this ministry was his will and his assurance I was able. What he gave me was even better! If I focus on him, he will do the work through me. Now that's a good word!

Bumper Sticker Be-Attitudes

I am special enough to him that he'll warn me, correct me, and discipline me in order to ensure his plan for me is accomplished. What a great daddy he is!

Today's Tips and Challenges: What truth serum do you need today? Who is he using to deliver the message? How's that medicine going down? What do you need to do to receive his words and walk in his path?

CHAPTER 50

GO THE EXTRA MILE. IT'S NEVER CROWDED

From everyone who has been given much, much will be required; and to whom they entrusted much, of him they will ask all the more. (Luke 12:48 NASB)

I love Eileen. I do. But the woman is about to get on my last nerve. She is always the first to volunteer for darn near everything. Vacation Bible school teacher. Meal-maker for the family of the new baby in the congregation. Church lawn clean up, Sunday School substitute while Janelle recovers from surgery. She even *babysits* for Janelle who has five other kids. She chairs the annual bake sale, sings in the choir, and loves her spot as Sunday morning guest greeter.

Frankly, she's making the rest of us look bad.

It would be easy to dismiss her as a pleaser, someone who steps in to curry favor or draw attention to herself. But that's not the case. Eileen has a serious cardiac condition: it's called a *servant's* heart.

I have, on occasion, entertained the thought God sent her to convict my *so-not-a-natural-servant* attitude. I wondered if she had the good fortune to be granted this gift as a birthright, like brown eyes or curly hair. I hoped that was the explanation for her consistent pattern to help and support. But once I got to know her, I discovered that was not the case. I couldn't keep my curiosity at bay any longer.

Bumper Sticker Be-Attitudes

"What drives you to volunteer for *everything*, Eileen? Nobody's keeping score." (That was only a half-truth, as I'd been tallying her good deeds for some time.) She had once again stepped up to fill a spot no one else wanted, and nosy folks like me wanted to know. "God sees you, but I bet even he isn't able to keep up with you."

Her response was simple: "I'm just grateful. I've been given more from the Lord than I ever dreamed. I don't see service as a chore or as payback, not even as an obligation. Serving him, serving others is an *outcome* of how much he's blessed me."

Well, that put me right.

We chatted about her life before Jesus. Not a pretty picture. She was the youngest of several children in a family with too little to eat, too many midnight moves to avoid the landlord, and an angry dad who abandoned the family when she was eight. She attended nine schools from kindergarten to her senior year. Life after graduation wasn't much easier for many years.

"And then I met Jesus." Her face lit up like my daddy's porch light when I started dating.

A coworker at her fast-food job invited her to church. "I didn't understand a lot of what the preacher said, but when he closed the service with an invitation to new life in Christ, I bolted down that aisle." She laughed softly. "I wasn't clear what a new life might bring, but I knew it had to be better than my old one."

Her response stunned me and required I review my own blessings from the Lord. *Do I feel entitled to the good things present in my life, Father? Am I oblivious to the needs in your house? Or do I make excuses of busyness and work commitments that prevent me from serving when the requests for help come?*

Shame doesn't come from the Lord, but in that moment that is exactly what I experienced. He's a good father. He gave me quick words to pray for my selfishness and he granted my request of forgiveness. He also challenged my heart to see the opportunities around me and respond in *his* love.

Eileen's perpetual volunteerism no longer bugged me. Her service inspired me.

If we're fortunate, we know someone like my friend, whose heart longs to serve, grateful for the chance to acknowledge God's blessings. Someone who knows the extra mile always has room for one more.

Who's your Irene?

Today's Tips & Challenge: Find the time (and the courage) to take an inventory today. Draw a vertical line down the middle of a piece of paper. On the left, list the great blessings, benefits, and gifts God has given you as a child of the king.

On the right, list the evidence of service others experience. If the list is a bit sparse, identify needs you know you can fill. The next step is to start by asking God where to invest your time and talent. Show up—go that extra mile. It might be the most rewarding trip of your life.

EPILOGUE

THE LONG AND WINDING ROAD

Show me the right path, O Lord; point out the right road for me to follow. (Psalm 25:4 NLT)

So, can God reach us with the truth above the tailpipe? Did he place that bumper sticker there to draw us closer to him?

Maybe.

Or perhaps it's the Holy Spirit who whispers to us, pointing out the parallels of his message on the highway with the Scriptures in God's word. How does he do that? And why?

I wrote *Bumper Sticker Be-Attitudes* for folks just like me: members of the short-attention span club who long to connect with Jesus, even if it's just for a few minutes. Life lessons wrapped in practical applications with a touch of humor have impacted my heart in ways a sixty-minute Bible study sometimes have not.

We live in a busy world with more distractions than we can count. For some, diversion has become a lifestyle, as we overpack our schedules, running through the day, feeling frustrated and stressed. "I can do all things through Christ" is a biblical truth, but I learned at some point, I can't do them all at once and still do them well. I don't think it always keep me from trying. Those moments can leave me disappointed and discouraged.

Surrendering our full attention to anything—including the Lord—is difficult to do. Sailing along at top speed through our day may leave little time or focus for him. It's what appealed to

Bumper Sticker Be-Attitudes

me about capturing the wisdom and fun of these bumper sticker bites of truth and humor. God will use whatever he can to remind us, "Don't forget about me today. I have gifts and insights I'd like to share with you."

The truth is not hidden. Romans 1:19: "They know the truth about God because he has made it obvious to them" (NLT). Evidence of God's presence and his principles is everywhere—if our eyes are opened to the truth.

Remember on those days you are busier than a gopher on a golf course but don't want to sacrifice your time with the Lord, grab a **Bumper Sticker Be-Attitude** and hit the road!

ABOUT THE AUTHOR

Deb DeArmond is an award-winning author, speaker, and coach—helping others achieve their goals whether in marriage, family relationships, at work, or in ministry. Her books reflect that path.

Her first book, *Related by Chance, Family by Choice: Transforming Mother-in-Law and Daughter-in-Law Relationships,* was released in November 2013 by Kregel Publications.

Abingdon Press released her second and third books, *I Choose You Today: 31 Choices to Make Love Last* in January of 2015, and her third book about marital conflict, *Don't Go to Bed Angry. Stay Up and Fight!* co-written with her husband, Ron, in June 2016.

Bumper Sticker Be-Attitudes

Her work has been featured in a wide variety of media outlets, including several TV interviews with *Focus on the Family, Dr. Dobson's Family Talk radio, Lifeway's Mature Living*, CBN, and *WHOA Magazine for Women*. She has published 400-plus print and online articles, and has been featured or appeared in more than 120 television broadcasts, podcasts, and radio show appearances over the course of her six-year writing career.

Deb's tag line reflects her belief we are more open to new ideas, growth, and development when we're having fun. Her newly released devotional, *Bumper Sticker Be-Attitudes,* reflects her tagline "Touching the Heart with Humor and Truth."

Deb is wife to her high school sweetheart who showed her the path to become a Christ follower forty-six years ago. She is mom to three incredible sons and daughters-in-law and Gigi to seven perfect grandboys and (finally) a granddaughter. But Jesus is her favorite, and the others have learned to live with it.

Deb loves to travel and considers herself a foodie. Her idea of the perfect job would be to travel on someone else's dime, writing about her experiences, and eating her way around the world!

Deb and her husband, Ron, live in the Dallas/Fort Worth area. Learn more about Deb, her books, and her ministry at Deb DeArmond/Family Matters (www.debdearmond.com)

Read Deb at: Family Matters/Deb DeArmond
Website: www.debdearmond.com

Social Media Sites:
https://www.pinterest.com/deb_dearmond/
https://www.facebook.com/AuthorDebDeArmond

BIBLIOGRAPHY

[1]. Cambridge Dictionary Online
https://dictionary.cambridge.org/dictionary/english/attitude
Definition of "attitude."
Last viewed 07/22/2019

[2] Bible.org
Online Article
Author: Kenneth Boa
https://bible.org/article/forming-authentic-self-inauthentic-world
Last viewed 07/22/2019

[3] Psychology Today
Online Article: Perfectionism, Procrastination, and Distress
Author: Dr. Tim Pychyl
https://psychologytoday.com/us/blog/dont-delay/201210/perfectionism-procrastination-and-distress
Published October 28, 2012
Last viewed 07/22/2019

[4] National Humor Month website
http://www.humormonth.com
Website Director Steve Wilson
National Humor Month Proclamation and Observance
Last viewed 07/22/2019

[5] Rinkworks.com
http://www.rinkworks.com/funny/
A website dedicated to all forms of entertainment including humor.

www.ingramcontent.com/pod-product-compliance
Lightning Source LLC
Chambersburg PA
CBHW070657100426
42735CB00039B/2179

soufflent toujours dans la même direction. Ils nous conduisirent à souhait pendant quinze jours. Nous n'avions plus guère que 100 lieues pour parvenir à la *ligne*, un des points principaux de la navigation, lorsque le calme vint nous arrêter dans notre heureuse marche. Dans trois semaines nous avions fait près de 1500 lieues, et nous fûmes près de dix à quinze jours à faire 100 lieues. Pendant tout ce trajet, il ne nous avait été donné qu'une fois de voir la terre, lorsque nous passâmes entre les *îles Canaries*, dont Madère, si renommée, fait partie, ainsi que la célèbre Ile-de-Fer. Cette vue de la terre plait extrêmement à des gens habitués à n'appercevoir que le ciel et l'eau. Du moment où elle apparait jusqu'à ce qu'elle devienne invisible, on a les regards fixés sur elle. Je vis aussi, dans le lointain, le pic de Ténérisse. L'Ile-de-Fer me parut extrêmement aride.

Ce ne fut qu'à l'aide de quelques orages, fréquens en ces parages, que nous parvinmes à la ligne. Enfin, le 4 mai nous franchimes cette barrière. Avant de passer outre, je dirai un mot sur une cérémonie des matelots au passage de la ligne. Il est d'un usage imprescriptible que ceux, tant des passagers que des matelots, qui passent la ligne pour la première fois, reçoivent une espèce de baptême qu'on administre solennellement. Ce jour là, les matelots singent le mieux qu'ils peuvent le costume ecclésiastique, dressent une espèce d'autel ou fonts-baptismaux, font une procession religieuse, et mêlent à tout cela mille ridiculités. La veille, la cérémonie est annoncée par l'arrivée de Neptune, dieu des eaux. Cette cérémonie étant dérisoire et superstitieuse (bien que ces bons matelots n'y attachent peut-être pas la même idée), les missionnaires ne sauraient s'y prêter. Ils s'en rédiment, en donnant quelques piastres à l'équipage. Voici ce qui se pratiqua sur notre navire. Le capitaine connaissant notre intention, ordonna de retrancher de cette cérémonie ce qui pouvait nous offenser. Dès le soir, Neptume annonça son arrivée du haut du grand mat, par une décharge de quelques coups de pistolets. Il adressa ensuite la parole au capitaine, et l'invita à lui présenter son passeport. Il lui expédia enfin une lettre par son courrier, monté sur un monstre marin, par laquelle il l'informait de l'heure de son arrivée le lendemain, lui enjoignant de désigner les sujets qui passaient pour la première fois la ligne. Le lendemain, arrive notre équipage en procession, Neptune en tête, dans un costume singulier et avec une longue barbe. Il se serait mis en devoir de nous baptiser, mais connaissant nos intentions, il se retrancha à nous demander de mettre le doigt dans l'eau et de faire le signe de la croix. Nous nous contentâmes de lui donner la pièce des passagers baptisés, ou plutôt leur argent escroqué; les matelots se réunissent sur le devant du navire pour baptiser leurs compagnons. Là, ils se jettèrent à désir des sceaux d'eau, etc. Un passager qui avait eu la curiosité d'aller voir leur cérémonie, contre la défense faite, fut pris et baptisé d'importance, malgré qu'il eut payé auparavant.

Notre passage de la ligne fut encore remarquable par la rencontre d'un navire anglais qui nous croisa. C'était le premier qui s'offrait à nos regards. Il passa près de nous. On se parla à la hâte, mais sans s'entendre. Dans ces rencontres, chacun hisse son pavillon, et les deux vaisseaux en face, on se demande, mais sans s'arrêter, à l'aide du portevoix, quel est le navire, d'où il vient, où il va, quelle est sa position. On connaît, sur mer, sa route aussi facilement qu'à terre, à l'aide d'instrumens astronomiques et de montres marines. L'usage en est facile à quiconque connait les mouvemeus du soleil et joint à une teinte d'astronomie, la science des mathématiques. Chaque jour on fait cette opération, à moins qu'un ciel couvert ne s'y oppose. C'est ainsi que journellement on voit le nombre des lieues parcourues. On a encore un autre moyen, mais moins sûr : c'est le loch. Cet instrument consiste en une longue corde roulée, et à l'extrémité de laquelle est attaché un petit morceau de bois. On la laisse défiler dans l'eau pendant une minute, selon le mouvement du vaisseau. Selon qu'il est plus ou moins sorti de cette corde, on juge de la marche. A cet effet, il y a dans cette corde des nœuds ou marques. De là vient qu'on dit : *nous filons tant de nœuds*, pour exprimer le chemin qu'on fait. On répète cette opération toutes les heures, ou même plus souvent.

En continuant notre route, nous nous dirigeâmes sur le Brésil pour y prendre les *vents généraux*, qui devaient nous conduire au cap. Ce fut aux approches de l'*île de la Trinité*, à environ 200 lieues d'Amérique, que nous les trouvâmes. Aussitôt notre route du Sud-Ouest fut changée en celle du Sud-Est. Nous éprouvâmes alors un calme d'environ cinq jours, auquel succéda une navigation assez prompte jusqu'au cap de *Bonne-Espérance*. Doubler ce cap, appelé autrefois le cap des tempêtes, et qui ferma si long-temps la porte de communication avec les Indes, nous avait d'abord paru un des travaux d'Hercule, ou mieux, le passage impossible dont parle David : *aquam intolerabilem;* mais celui qui domine d'une mer à l'autre, à qui les vents et la mer obéissent, a parlé, et la tempête a été dissipée. Comme la barque des disciples de Jésus-Christ, notre petit navire devint bien un moment (le 1er juin, dimanche de la Trinité) le jouet des flots. Les lames d'eau le remplissaient, comme dans cette occasion où les mêmes disciples disaient au Sauveur endormi : Notre perte ne vous touche-t-elle pas? Mais, comme alors, ce bon maître a conjuré les vents, et la mer a entendu de nouveau ce langage divin, arrête-toi, *tace et obmutesce*, et après vingt-quatre heures, la tranquillité a été rétablie. Pendant la nuit nous avions été obligés par la violence des vents de nous arrêter jusqu'au lendemain, et de mettre à la cape, selon le terme marin. Cette opération consiste à serrer toutes les voiles et à livrer ainsi le navire à la merci des flots. Cette position, dans ce cas, est plus sûre que la marche. On en est quitte pour être fortement secoué. Le mardi nous éprouvâmes de nouveau ce contre-temps, après quoi Dieu mit fin à nos peines. A une mer orageuse succéda un calme plat, chose étonnante sur tout dans les parages du Cap. Il ne fut pas de durée, un vent favorable nous fit doubler le Cap le 10 Juin. C'est ainsi que Dieu nous conduisit à ce terme si désiré de nos craintes, sans presque nous donner la moindre occasion de souffrir. Je compte pour peu de chose la petite épreuve du dimanche, 1er Juin : tout ce jour là, malgré le mauvais temps, je demeurai sur le pont, occupé du chant de l'église. Ma plus grande peine fut d'être privé du bonheur d'entendre la sainte Messe le dimanche de la fête-Dieu. J'unissais bien mon cœur et ma voix aux fideles qui, en ce jour solemnel, présentent un spectacle si touchant. Assis sur le derrière du navire, j'aimais à répéter ces chants qui retentissent dans nos places publiques de France. Je sentais tout le prix du culte solemnel dont je vais être privé au milieu des nations idolâtres. Qu'un dimanche passé sans solemnité me parait triste ! Pourquoi faut-il que l'homme ne sente ainsi son bonheur que lorsqu'il en est privé ? C'est lorsque j'étais ainsi occupé à l'écart du mystère que l'église honore en ce jour, que j'apperçus le premier à l'extrémité de l'horizon le second navire qui s'offrit à nous dans une extremité de 3000 lieues. Sa route était la nôtre, nous ne nous abordâmes, pas et la nuit vint le dérober pour toujours à nos regards. Ceci n'étonne pas, quand on considère l'étendue et la largeur du chemin des mers.

Arrivés au port de l'éspérance, nous nous livrâmes à la joie si douce après la crainte, et si naturelle, après une traversée heureuse. En cela nous n'avons fait que réaliser ce que dit David dans le Psaume 106. Il est même d'usage que l'on témoigne cette joie par un festin. Tout en nous félicitant, nous continuions, quoiqu'assez lentement, notre route sur le *Banc des Aiguilles*. Les aiguilles n'y sont pas plus communes qu'ailleurs, c'est un banc de sable très-fin d'une centaine de lieues, caché sous les eaux. Lorsqu'on y est parvenu, on jette la sonde pour le reconnaître, sous la sonde, on met du suif auquel s'attache le sable. Partout ailleurs nous n'avions point fait usage de la sonde, la mer étant généralement sans fond. Ce fut sur le banc des Aiguilles qu'on reconnut une erreur d'une quarantaine de lieues dans les observations. Les instruments du Capitaine étaient défectueux ainsi que sa montre. Heureusement un passager, capitaine de frégate Espagnole, sut rectifier les observations.

La crainte de quelques écueils détermina notre capitaine à prendre plus au sud. *Le canal Mozambique* qui s'étend entre Madagascard et les côtes d'Afrique vint nous offrir une nouvelle difficulté. Toujours protégés, nous le franchîmes dans quelques jours, sans rien éprouver de ces bourasques si fréquentes en ce passage. Nous y fîmes la rencontre d'un navire anglais occupé à la pêche de la baleine. Nous pûmes nous parler.

Vous apprendrez peut-être avec plaisir comment se fait la pêche de la baleine. Les Européens et les Américains ont chacun leur procédé. On équipe de grands navires qu'on dirige dans les mers où la baleine est commune. Arrivés là, les pêcheurs stationnent et mettent à l'eau cinq ou six canots ou barques avec plusieurs hommes dans chacune. Ceux-ci vont à la recherche de la baleine. En voient-ils une paraître et jeter, selon sa coutume, l'eau en l'air, ils se dirigent sur elle. Celle-ci veut de nouveau paraître, et au même instant les pêcheurs lui lancent un instrument tranchant attaché à une longue corde. Cet instrument une fois entré ne sort plus. L'animal blessé s'élance en l'air avec fureur et retombe aussitôt. Malheur aux pêcheurs, si en ce moment la baleine se tourne contre eux ! De la large plaie faite par le coutelas sort une abondance de sang. L'animal fuit néanmoins, mais en vain, il ne saurait échapper aux pêcheurs qui le tiennent par la corde attaché au coutelas, et la lachent à mesure que celui-ci s'éloigne. Enfin, épuisée par la perte de son sang, la baleine s'arrête et expire. Le vaisseau s'approche aussitôt et on la hisse dessus. On prépare les chaudières, tandis que d'un autre côté on est occupé de la dissection de l'animal. Le superflu est jeté à la mer, et le reste est mis dans des chaudières pour en extraire l'huile, etc. Tout dans la balaine est bon, jusqu'au sperme dont on fait d'excellentes bougies. Deux ou trois grosses baleines suffisent pour la charge d'un vaisseau, comme aussi pour la fortune de l'armateur. Malheureusement, il n'en est pas toujours ainsi ; plusieurs baleiniers s'en retournent souvent, après des deux ou trois ans d'absence, ayant fait de grosses dépenses, sans aucun succès. J'ai décrit ici la méthode des européens, voici celle de l'américain, elle se sent du sauvage. L'américain guète le moment où la baleine se montrera, et s'élance sur elle, lui ôte la respiration, en lui appliquant les mains sur certains endroits. L'animal voulant se débarrasser de son aggresseur, descend au fond de l'eau, mais enfin suffoqué, il remonte sur l'eau avec l'hercule. Cette hardiesse a de quoi étonner, surtout quand on considère la force de la baleine, qui d'un coup de queue peut quelque fois réduire en mille morceaux son faible adversaire.

Je reprends ma route. Sortis du golfe Mozambique que nous avions traversé au 40me degré *sud*, nous suivîmes le même parallèle pendant 500 à 600 lieues, jusqu'aux îles d'Amsterdam et de Saint Paul. Pendant quelque temps notre marche fut heureuse, et nous commencions déjà à nous féliciter de notre bonheur d'échapper ainsi aux tourmens des mers du *sud*, lorsque la mer se déchaîna. Ce mauvais temps dura une douzaine de jours ; cinq à six fois une grosse mer ou un vent violent nous força à mettre à la cape, ce qui nous fit perdre six ou huit jours. Ce n'est rien, si l'on fait attention qu'on est des fois arrêté vingt ou trente jours. Je suis loin de vouloir donner à ce mauvais temps le nom de tempête. Cela est si vrai, que probablement un autre navire que le nôtre, (je parle d'un plus grand), se serai ri du danger, et aurait franchi tranquillement les montagnes d'eau qui s'élevaient devant nous. La preuve en est, qu'un bâtiment que nous apperçûmes un jour où nous étions presque sur le point de mettre à la Cape, fendait gaiement les eaux, avec toute la voilure, tandisque nous n'avions déjà presque plus de toile.

Nous avions aussi précédemment fait la rencontre d'un navire anglais qui nous suivait. Le matin nous l'aperçûmes à l'horison, et déjà à déjeuner il nous avait atteint. La vue d'un vaisseau qui marchait si vite, nous donna de l'envie, et nous fit voir que nous n'allions qu'à pas de tortue. Ce batiment transportait, à ce qu'il parait, des galériens à la Nouvelle Hollande. On s'aborda, il s'agissait de montrer son pavillon. Aucun ne voulait commencer, enfin l'anglais monté sur un superbe vaisseau, céda à de pauvres français dont le navire était une vraie barque de pêcheurs à côté du sien. Il s'en dédommagea, en nous indiquant une fausse position qui nous faisait presque 500 lieues plus avancés que nous n'étions. Notre capitaine qui ne s'attendait pas à ce tour, surpris de s'être ainsi trompé, lui donna sa position, en y ajoutant, pour prendre un juste milieu, 200 lieues. Par là, il se fit peut-être regarder comme un sot, ce qui n'aurait pas été s'il lui eût répondu vrai, ou du moins, s'il se fût contenté de se rire de sa tromperie.

La crise dont je viens de parler ne fut pas violente. Ce furent à la vérité des jours désagréables et un peu dangereux qui pouvaient intimider des novices de mer, mais non étonner des marins. Les flots en se brisant contre le navire donnaient de violentes secousses, et détachèrent ou brisèrent quelques planches des parois du pont. Une lame d'eau, après avoir brisé le paroi et deux cages à poules, faillit emporter le dome de notre escalier. L'eau entrait à grands flots dans notre chambre, je regardais avec impatience si nous coulions à fond ; heureusement nous en fûmes quittes pour la peur. Pendant tous ces mauvais temps, nous fûmes réduits à garder la chambre, éclairés seulement par une lampe sépulchrale. Notre cuisine n'était pas excellente, il fallut attaquer le biscuit des matelots. Au reste, l'incommodité était nulle pour nous, si l'on considère la dure position des matelots, sans cesse mouillés par une pluie continuelle et les flots, et cela pendant environ un mois.

Le mal venait de ce que le capitaine avait voulu suivre une route trop au *sud*, pour un navire aussi petit que le sien. Il désirait passer entre les îles d'Amsterdam et de Saint Paul pour s'y orienter sûrement ; mais la crainte d'éprouver de nouvelles contrariétés, le détermina à gagner le Nord. Nous laissâmes ces îles à une vingtaine de lieues de nous. Délivrés de ces mers ; nous fûmes près de huit jours éprouvés par des vents contraires qui enfin se convertirent en vents si favorables, que nous eûmes bientôt oublié le passé. Dans cette course, nous nous approchâmes assez de la Nouvelle Hollande.

Enfin le vingt quatre Juillet, nous découvrimes dans le lointain la terre. Les jours précédents avaient été pluvieux, et notre marche s'était un peu ralentie. Avant d'appercevoir la terre, nous avions été dans l'inquiétude relativement à notre position, (on ne pouvait se fier aux instruments du capitaine) mais notre embarras augmenta bien à notre approche de terre. L'on ne connaissait pas cette terre : sommes-nous devant l'île de Java, ou devant la Nouvelle Hollande, ou devant quelqu'autre île, tel était le problème. Pour s'éclaircir au mieux, après s'être imaginé que telle ouverture qu'on apperçoit était l'entrée du *détroit de la Sonde*, où nous tendions, on s'approche de la terre : mais quelle surprise, lorsqu'on n'apperçoit dans cette ouverture que des rochers ! Il n'était pas prudent de s'en approcher d'avantage ; en conséquence, le capitaine, contre l'avis d'un autre capitaine passager qui avait passé trois fois le détroit, et qui soutenait que c'était là l'entrée, s'éloigna. Le navire s'arrêta jusqu'au lendemain. Pendant la soirée, le capitaine ne cessa de considérer si la configuration de la terre qu'il appercevait, présentait quelque ressemblance avec quelques-unes des terres dessinées sur la carte marine. Plus il observait, plus il se confirmait dans sa première idée que le détroit de la Sonde était à gauche de cette ouverture où l'on avait voulu pénétrer. De son côté, le capitaine Espagnol passager soutenait toujours que le détroit était dans cette ouverture. Enfin ces deux Messieurs en vinrent à un pari. Toutes ces incertitudes n'amusaient pas notre conducteur, ni ses passagers qui le blamaient intérieurement de n'avoir pas voulu consulter la veille un vaisseau qui passoit assez près. Cet orgueil nous avait déplu singulièrement, nous savions qu'il ne pouvait pas se confier en ses observations ; s'il est permis d'être fier, ce n'est pas au point d'aimer mieux s'égarer, que de demander la route. Le lendemain, 25 Juillet, à la pointe du jour, on se dispose à marcher. On se dirige sur le point où notre capitaine soutenait qu'était le détroit de la Sonde. Jugez à chaque pas qu'on faisait de l'empressement des deux capitaines à examiner la configuration de la terre. A peine a-t-on fait quelques minutes de chemin, que le capitaine passager, tout expérimenté qu'il était, est obligé de reconnaître le détroit de la Sonde. Cette certitude compensa l'inquiétude des jours prédédents. Avec quel plaisir nous contemplâmes la terre ! Il y avait trois mois et demi que nous n'avions pas joui de cette vue. J'eus beaucoup de peine à prendre sur moi de détourner quelque temps mes regards pour dire mon bréviaire. Dieu me le pardonnera. Qu'il était ravissant le spectacle de la nature toujours verdoyante de l'orient ! Surtout pour des yeux fatigués de voir sans cesse de l'eau.

C'était le matin d'une belle journée, ce qui ajoutait encore à l'agrément. Une odeur exquise sortant de ces bois odoriférants vint récréer bien agréablement notre odorat. L'air de cette terre chassa à l'instant cet air salé de mer qui vous fait cracher continuellement. Tous ces charmes nous faisaient oublier que nous étions en pays éloignés. La joie et une joie pure qui ne se souvient point du passé se peignit sur le visage de tous et rendit la force aux abattus. Il faut avoir goûté le plaisir de cette heureuse journée, pour le bien sentir. Le vent d'abord faible se fortifia dans l'après-midi et nous conduisit près d'*Anger*, mais auparavant je dirai un mot du *Détroit de la Sonde*. Il est formé entre deux grandes îles de la Sonde, *Sumarce* au nord et *Java* au sud. A l'entrée est une île appelée, l'Ile du Prince. On rencontre dans ce détroit, beaucoup de petites îles, qui sont autant d'écueils contre lesquels il faut être en garde. La nuit on jette l'ancre ordinairement, crainte des écueils.

Java, grande île de la Sonde dans l'archipel d'Asie

(5ᵉ partie du monde) est habité par une race d'Indiens appelés Malais. Ses hollandais sont maîtres du pays.

Avant d'arriver à Anger, lieu dans *Java*, où l'on fait de l'eau, nous apperçûmes (il était neuf ou dix heures du soir) quantité de lumières, ce qui un instant nous fit croire que nous étions vis-à-vis Anger; mais après avoir examiné la configuration de la terre, on reconnût que ce n'était point Anger, mais des pêcheurs qui avaient allumé des feux. Nous poursuivimes notre route, et croyant être devant Anger, on jeta l'ancre à minuit. On se coucha aussitôt, bien disposés à descendre à terre le lendemain aussitôt le jour. On s'éveille, on regarde, et l'on voit qu'on est encore à plus d'une lieue d'Anger. Autre malheur, le vent est contraire. Il faut se résigner, et attendre le moment favorable pour marcher. En attendant, en même temps que nous appercevions à l'aide de la lunette d'approche, quelques Indiens se promenant tout nus au bord de la mer, il en vint à nous dans une barque pour vendre quelques productions du pays. Avec quelle attention nous les toisions! Que vîmes-nous? De pauvres humains nus, à l'exception d'une ceinture dont la peau est basanée. Ce spectacle vu pour la première fois, est affligeant; mais on s'y habitue. Leur phisionomie est toute différente de la nôtre;

l'étranger ne sachant pas distinguer leur traits, s'imagine, en voyant toujours les mêmes figures, que ce sont les même personnes. A ceux-ci se joignirent bientôt de nouveaux compagnons, tous empressés à nous offrir leurs petites marchandises. Ces Malais ne me surprirent pas peu quand je les entendis parler Espagol, Anglais, etc. Ils apprennent ainsi quelques mots des différentes langues par leur commerce avec les étrangers. Je voulus parler par signes de religion à quelques-uns d'entr'eux. A cet effet, je leur montrai un crucifix, mais ils n'y connaissaient rien, je parvins néanmoins à faire comprendre que c'était Dieu ; mais alors un s'écria en élevant les mains au ciel : *immortel*. Il considéra bien mon crucifix, mais je crois qu'il s'arrêtait plutôt à l'éclat du cuivre et à la façon qu'à l'objet même. Je lui fis signe que s'il voulait l'adorer, je le lui donnerais ; il ne demandait pas mieux que d'avoir une chose si brillante. Je lui donnai donc mon crucifix avec un mouchoir de couleur dont ces Malais font grand cas. Il parut étonné de ma libéralité. Je troublai bientôt sa joie en l'obligeant à me rendre le crucifix qu'un confrère ne crut pas devoir être mis à sa disposition. Les Malais de Java sont Mahométans.

Le vent devenu favorable nous permit à midi de gagner Anger. Dans notre route et surtout à notre arrivée nous fûmes assaillis de barques Malaises. Parmi ces gens, était un Chinois ; jugez de ma surprise en l'entendant parler français. Je me fis expliquer comment il avait appris notre langue : il me dit qu'il avait habité l'île de France, il est natif de Macao. A peine avait-on mouillé devant Anger, qu'on s'empressa de descendre à terre. Un Français, qui à la vue de notre drapeau blanc, était venu à notre bord, eut la complaisance de nous prêter la barque du navire anglais dont il avait le commandement. Les dix passagers avec leur capitaine s'embarquèrent dessus, impatiens de fouler sous leurs pieds la terre. Arrivés près de terre, nous fûmes récréés par un singulier spectacle. Les embarcations, par le défaut de la rade d'Anger, ne peuvent aborder la terre dans certaines heures. Nous fûmes bien étonnés en voyant nos conducteurs Malais sauter à l'eau, et s'efforcer de pousser la barque près de terre. Enfin, leurs efforts étant inutiles, il fallut en venir à un autre procédé. Ils se présentèrent à nous, nous indiquant de monter sur leurs épaules. Voyant cela, j'avais déjà ôté mes bas pour me jeter à l'eau, et gagner à pieds le rivage ; mais je pris comme les autres le parti de grimper sur un Indien. Le capitaine ouvrait la marche ; son homme accablé sous le poids, le jette à la mer. Il était risible de voir le capitaine courir dans l'eau, un autre eut le même malheur. Plusieurs aimèrent mieux se déshabiller, et marcher dans l'eau, que de s'exposer à la même aventure. Cette petite scène nous fit bien rire. Nous nous rendîmes aussitôt chez le gouverneur hollandais. Il nous reçut très bien, il parlait français. Après nous être reposés quelques instans chez lui, il nous accompagna dans la promenade que nous fîmes autour du village. Nous avions commandé le dîner chez un Chinois du lieu, mais monsieur le gouverneur nous pria d'accepter sa table européenne. Il était bien logé ; sa demeure comparée aux pauvres cahutes d'Anger, est un petit louvre. Là aussi habite le commandant du fort, homme tout-à-fait aimable, et parlant bien français. En parcourant le village bâti au milieu d'une forêt, nous assistâmes à une danse indienne assez comique par les mouvemens des danseurs, et la musique enragée de leur orchestre. C'est à la vue de ce pauvre peuple que nous disions jusqu'ici nous n'avions rien vu des misères du genre humain. En passant devant leurs cabanes, j'aperçus les chétifs alimens de leurs repas, un peu de riz cuit simplement à l'eau. Ce que j'admirais le plus dans ces Malais, c'est la rectitude de leur corps. Les enfants mêmes et les vieillards se tiennent extrêmement droits. Le Malais porte à sa ceinture un poignard, néanmoins ici la majeure partie n'en a cas. Nous visitâmes le tombeau d'un célèbre naturaliste, auquel on a érigé un mosolé. Enfin, après nous être bien récréés, nous nous mîmes à table. Ce fut là que pour la première fois, je fis un dîner sans pain ; ce qui me parut assez singulier. Au dîner succéda une nouvelle et agréable promenade, après laquelle on monta sur la barque pour retourner à bord. Plusieurs charmés du séjour de terre, et ennuyés d'être sur mer, acceptèrent l'offre qu'on leur fit de coucher à terre. Mes confrères gagnèrent leur gîte, et moi j'acceptai un lit chez monsieur le commandant, tout protestant qu'il était. J'ignore s'il nous connaissait pour Prêtres. Dès le grand matin, nous prîmes le café chez le gouverneur, au grand déplaisir de mon hôte le commandant qui m'attendait à déjeuner. Qui n'admirerait le bon cœur de messieurs les Hollandais ! Le matin, après une promenade qui me procura la satisfaction de voir l'adresse des bouchers Malais, (ils tuèrent un Buffle pour nous) nous montâmes à notre bord, accompagnés du gouverneur et du commandant. J'oublie de citer une particularité sur les soldats d'Anger. Ce ne sont point des naturels du pays, on a peu de confiance en eux ; ils sont d'ailleurs lâches, ce sont des Indiens du Maduré; ils sont très-cuivrés ; ils ont dans la peau une odeur très forte. Leur attitude militaire porte pitié ; ils vont nus-pieds, du reste ils sont habillés.

L'eau et les vivres qu'on venait de faire à Anger étant à bord, nous nous disposâmes à partir. Nous eûmes avant notre départ la visite de plusieurs hollandais, dont deux étaient officiers. L'un parut à nous avec la croix de Bonaparte ; il avait vu la Russie. Sur les trois ou quatre heures, (1) on leva l'ancre, et nous nous dirigeâmes sur Batavia, distant seulement de 20 à 25 lieues ; par défaut de vent, il nous fallut trois jours pour faire ce court trajet. Bien plus ; un navire qui vint après nous, mit douze jours, et perdit son second ; c'était un français. Enfin le 30, mercredi, nous étions déjà à la vue du port, lorsque le vent cessa. Comme nous étions entre de petites îles, nous prîmes la résolution d'y aller faire une excursion avec la barque. Tout étant préparé pour la chasse et la pêche, le vent revint. Il n'y a pas à balancer ; il faut déposer ses armes à l'instant, et atteler les chevaux. On se consola facilement : nous tenions plus à atteindre le port, qu'à une partie de chasse. Nous arrivâmes à 3 ou 4 heures du soir. (2)

A peine ayant mouillé, nous recevons la visite d'un

---

(1) De l'après-midi, le Dimanche, 27 Juillet.
(2) Le 30 Juillet, environ après quatre mois de navigation.

français que notre drapeau blanc ralliait à ses compatriotes. La rade de Batavia renfermait alors 30 ou 35 vaisseau, nous seuls portions le pavillons français. La majorité des navires étaient Hollandais et Anglais, plusieurs Chinois, quelques Américains, etc. Le lendemain, 31 juillet, nous descendîmes à Batavia. Cette ville, le centre du commerce de l'Europe avec la Chine, l'Inde au delà du Gange et le Grand Archipel, est le chef lieu de la colonie Hollandaise dane l'île de *Java*. La ville ne s'apperçoit que quand on y est, encore après y être entré, ne croyez vous pas voir une ville, elle est toute coupée par des canaux bordés d'arbres. On ne voit point dans les boutiques notre luxe. En un mot, quoique ce soit beaucoup pour le pays, un Européen n'y reconnait pas une ville. Les beaux édifices sont retirés, et ne seroient pas mal appelés *de superbes et nombreuses maison de campagne*. Les négocians n'ont en ville que leur comptoir : ils y viennent chaque jour de la campagne. Les campagnes des européens sont charmantes. La ville renferme à-peu-près 170 000 ames : presque tous Indiens, ou Chinois: le nombre des Européens n'est rien en proportion. Il y a plusieurs pagodes Chinoises et Mosquées des Malais. Les protestans y ont deux temples, l'un Luthérien et l'autre Calviniste. L'église catholique est petite et n'est desservie que par un prêtre.

L'île de Java est gouvernée par un Commissaire général.

Descendus à terre, nous primes des voitures pour nous conduire chez un français. Il est à remarquer que l'on ne peut les prendre que, pour un jour ou une demie journée, ce qui occasionne une dépense : dépense que l'usage, introduit par l'incommodité des chaleurs, rend indispensable. Un Européen ne traverse jamais la ville à pieds. J'ai cependant bravé la coutume. De chez le négociant français nous nous rendîmes à la police où il nous fut délivré un permis de séjour. Ce n'était pas tout, on nous enjoignit de rendre une visite à M. le lieutenant-Gouverneur, rendus à son hôtel, nous lui présentons nos hommages et nous nous retirons. Je ne sais quel honneur il retire de cette singulière visite. Presque tous les Hollandais parlent français, ce qui ne nous était pas peu agréable. En revanche, nous avions assez à souffrir avec les gens du pays, qui ont une langue particulière. Nos petites affaires réglées, nous rendîmes visite au Prêtre catholique. Après nous avoir retenu à dîner ; il voulut encore que nous acceptassions son logement, pendant que notre bâtiment serait à la rade. Notre nombre de cinq, ne nous permettait pas d'accepter cette offre. Nous regagnâmes notre gîte, avec promesse de revenir le dimanche. Nous revinmes en effet célébrer le dimanche, et nous occuper de l'exécution du projet que nous avions formé, de changer de navire, pour passer directement à Macao, sans voir Manille.

Le même jour, se conclut l'arrangement. M. le curé, qui s'était refusé à nous laisser repartir le soir, nous offrit de nouveau son logement, avec autant de charité, que de désintéressement. Voyant notre refus, fondé sur l'appréhension de lui être à charge, il poussa la bonté, jusqu'à nous détailler ses moyens, ajoutant qu'il ne tenait point au superflu, et que notre acceptation lui serait très agréable.

Nous nous rendimes enfin à ses pressantes et sincères sollicitations; et deux jours après, nous vinmes nous établir chez ce digne confrère. Il a été plein de bonté pour nous, pendant notre séjour de plus d'un mois chez lui. Son logement situé hors de la ville, est tout-à-fait agréable. Quelle différence de notre position sur mer avec celle-ci! Nous avons pu chaque jour offrir le saint sacrifice, avantage dont nous n'avions pas joui depuis longtemps. Sur mer, nous avions voulu dans le commencement dire la messe le dimanche; mais l'indécence du local ne nous permit pas de continuer. Nous n'avions d'autres autels, qu'une malle platte, élevée sur le lit d'un d'entre-nous; et, faute de place, la génuflection était gênée. D'ailleurs nous remarquions qu'on ne tenait pas beaucoup à avoir la messe. La plupart du temps, on faisait travailler les matelots ce jour là. Nous n'avons pas eu, comme saint François-Xavier, le bonheur de rendre utile aux autres notre ministère ; ce qui n'étonne pas à bord d'un navire français. Le capitaine crut faire un grand effort, en nous permettant de dire une messe le dimanche dans une cabane moins propre que l'étable de Bethléem ; il nous lia les mains pour tout le reste, exigeant que nous ne fissions rien que de son consentement. Enfin nous nous sommes séparés de lui : il est son maître, et nous les nôtre, voilà la justice rétablie. Il a vendu presque toute sa cargaison ici, et en a pris une autre pour Manille. Il a passé quinze jours ici, et a mis à la voile le quatorze Juillet. Les adorateurs du démon, sont aujourd'hui plus fervents que les vrais fidelles. En puis-je douter, lorsque, passant devant les maisons des Chinois, j'apperçois dans toutes, même chez le pauvre, l'ouvrier, et dans les classes les plus communes en France, un autel devant lequel brule sans cesse une lampe ? C'est le spectacle qui s'offre (en ce moment où je tiens ma plume), à mes yeux, chez le voisin, pauvre cordonnier. Tous ont une image des *ancêtres, je pense*, tandisque chez nous, on rougit d'avoir un crucifix dans un appartement ! Quant aux mœurs, je crois celles de ces Indiens plus rapprochées de l'Évangile que les nôtres. Quoique les hommes aillent nuds, à l'exception comme je l'ai dit d'une ceinture que les enfants ne portent pas; il y a probablement bien plus de modestie ici qu'en France; les femmes sont très décentes. Le luxe, cette passion dominante, est inconnu. Le plus grand vice, c'est la paresse. Dès qu'un Indien a encore du riz, il dort; vient-il à manquer, il se met au travail. Les Chinois toujours actifs et industrieux, (ils sont ici ce que sont les Juifs en Europe), profitent de l'inaction des Indiens pour s'aggrandir : ils cultivent la terre de Java si fertile, et s'enrichissent ainsi de trésors que méprise l'Indien. Quoiqu'en pays étrangers, ils savent s'élever à un degré de supériorité sur les Indigènes. Chaque année, il en arrivent quelques centaines qui, ne trouvant pas de quoi vivre en Chine, viennent chercher fortune. Ils sont ici habillés à la Chinoise. Leur figure est particulière; on distingue toujours un Chinois d'un autre ; un est à côté de moi, à l'instant où j'écris. Les enfants Chinois font un tapage épouvantable à l'école par leurs chansons sempiternelles : chaque jour, je passe devant une école. Ils me distraient même à l'Église, où leurs cris se font entendre. Dès les six heures du matin, on voit ces petits marmousets aller à l'école avec de gros cahiers de caractères sous les bras. Une chose singulière à voir ici ; ce sont ces Malais au service des Européens. Quel contraste que celui d'une société distinguée d'Européens, au milieu de laquelle circulent ces vilains êtres. Il est vrai, qu'ordinairement ceux qui sont domestiques, ont quelques guenilles de plus. Il faut que les dames les plus délicates s'en contentent. Il y a même de ces Malais qui répandent une mauvaise odeur.

Batavia, surnommée en Europe *le tombeau des Européens*, ne me parait pas si mal sain qu'on se le figure. Ce pays est mortel pour les soldats Européens, obligés à de grandes fatigues, et à bien des privations ; mais pour un particulier à son aise, le climat ne le contrarie pas beaucoup. Il peut avoir ici toutes les jouissances de la vie. Il n'y a que les choses d'Europe qui soient chères ici ; c'est par cette raison, qu'un Européen peut avoir bientôt dépensé à l'hôtel un louis.

On trouve ici le cheval, mais petit, le cochon, la brebis, la chèvre; le chien, le chat, le canard, l'oie, le pigeon, le corbeau, la tourterelle, la poule, etc; il y a d'autres animaux particuliers. Dans le règne végétal, il y a bien de la différence; à quelques légumes près, rien ne ressemble à nos végétaux d'Europe. Les fruits sont différens, de même que les arbres. En voyant ces ressemblances, on se croit en France. C'est d'ailleurs ici le même soleil, le même ciel, la même terre. La différence, c'est que le soleil se lève ici sept heures plutôt qu'à Paris. Il arrive par là, que l'on se lève ici quand on se couche chez nous. Au reste, cette particularité ne change rien. Des saisons ne reviennent pas à la même époque qu'en France ; ou plutôt c'est un printemps continuel. Les chaleurs ne sont pas excessives, quoique Batavia ne soit qu'à environ 125 lieues de la ligne, centre de la chaleur du globe.

L'intérieur des terres de Java est enchantant. J'ai eu occasion de faire une petite excursion. Son Excellence, le Commissaire Général Catholique, nous invita à aller le voir dans sa campagne de Bintenzorg, à 13 lieues de Batavia. A cet effet, il nous fit délivrer des chevaux de poste ; et le 18 de ce mois, nous eûmes l'honneur de lui présenter nos hommages, et de recevoir ses civilités. Arrivés au château de son Exc., nous fûmes accueillis par l'Aide de camp, et logés dans de vastes appartemens. Le soir, à l'heure du dîner, nous fûmes présentés à son Exc. qui nous reçut assez froidement ; sans doute par ménagement pour les protestans présens. A l'issue du dîner, son Exc., m'ayant abordé en particulier, j'eus l'honneur d'un entretien de près de deux heures. Je vis alors l'homme dans l'intérieur ; il me fut facile de juger de la grande religion de ce digne représentant du roi des

Pays-Bas. Il nous témoigna beaucoup de bonté. Il désira que nous donnâssions un sermon le 24 Août, à l'occasion de la fête du roi. Il invita, pour ne pas choquer le parti protestant, je pense, un ministre protestant avec un chef Indien. Après trois jours, nous prîmes congé de son Exc., qui nous souhaita beaucoup de succès, et nous serra la main, avec l'expression de la bonté.

Un soir il avait voulu que toute la société de quinze à vingt personnes se pesa. Ce passetemps nous récréa. Monseigneur pèse encore 206 livres, à son arrivée à Java, il y a deux ans et demi, il pesait environ 260 ou 80. Il avait perdu précédemment au point de ne peser plus que 150. C'est un bien bel homme : moi je pèse 121 livres et demi.

Ce fut à la faveur d'une agréable nuit que nous regagnâmes Batavia. Dans 3 ou 4 heures on fait ces 13 lieues. Nous avions huit chevaux attelés à deux voitures que l'on changeait toutes les deux lieues, ce qui faisait que nous occupions dans un si court espace de temps 48 chevaux.

Ce trait de bonté de S. E. envers les pauvres missionnaires français lui fait vraiment honneur. Toute sa compagnie n'est pas si religieuse que lui, mais enfin, elle est honnête. Son premier aide de camp sur tout, M. Morel, ex-lieutenant colonel en France nous a témoigné beaucoup de bonté. La conversation chez S. E. est toujours en français.

Pour reconnaître l'accueil de S. E. nous avons donné le sermon demandé. C'est peut-être la première fois qu'on prêche en français ici : on parle hollandais. Le confrère chargé du discours s'en est très-bien tiré. S. E. a été très-satisfaite, elle nous a écrit par le Secrétaire Général du gouvernement.

L'honnêteté de Messieurs les Hollandais est allée plus loin. Le Président ou Maire de Batavia nous a invités au grand dîner de la fête du roi; même l'invitation a été répétée par l'envoi d'un second billet. Nous avons cru devoir nous dispenser d'y aller. Le même jour, nous rendîmes une visite à S. Exc. que les différens corps allaient complimenter, par parenthèse. Cette visite déplacée, puisque nous n'étions pas corps de la ville, était l'affaire du curé. Je reprends ici quelques particularités de la navigation. Les climats ont beaucoup varié. Dans ces quatre mois, nous avons vu presque deux fois le cours des saisons annuelles. Ceci s'explique facilement par notre marche opposée à celle du soleil. Arrivés au cap de Bonne-Espérance, au milieu de juin, nous y avons trouvé l'hiver, mais non pas un froid bien rigoureux. Près de la ligne, nous avions en un autre extrême, le soleil perpendiculaire sur nos têtes, au point que le corps n'avait pas d'ombre. Ce fut là que nous sentîmes l'ardeur du feu. Nous n'avions même à lui opposer qu'une méchante toile qui servait de tente. La même chose nous attend à notre passage de la ligne. On a beau se mettre à son aise, se contenter même d'une chemise et d'un léger pantalon, la chaleur a encore de quoi vous tourmenter. Le meilleur préservatif, est de se résigner. Puisque des gens attirés par le seul espoir d'un vil gain bravent toutes les incommodités des saisons, et milles autres nécessairement attachés à la navigation ; nous siérait-il de montrer de la faiblesse, nous qui combattons pour une gloire bien plus solide ? Vraiment je ne puis comprendre la folie de ces hommes que dévorent mille peines, s'exposent à des dangers réels, et, en un mot, mènent une vie plus triste, et souvent plus pénible que celle du dernier anachorète, et cela, pour aller chercher au delà des mers un peu d'or. La vie d'un matelot aurait de quoi effrayer le plus austère trapiste. J'ai vu ces pauvres gens, non pendant un jour ou deux, mais pendant plus d'un mois consécutif, tout trempés par les pluies et les lames de la mer (1), et cela dans l'hiver. Voilà les esclaves du monde ! Leur nourriture, répétition éternelle d'alimens salés, n'est mangeable qu'à l'aide d'un appétit violemment aiguisé par la fatigue. Je les ai vu boire de l'eau dans les chaleurs, dont la fétidité me faisait fuir. Eh bien,

---

(1) Même dans leurs méchants lits tout inondés.

ces malheureux qui ne sont pas en général, mus par la religion, ne murmuraient pas; bienheureux, disaient-ils, d'en avoir à discrétion. Si je les plaignais de la vie dure qu'ils mènent, ils me répondaient tout bonnement : *c'est notre état.* Comme si avoir embrassé un genre de vie, était une raison de ne plus se plaindre des peines qui y sont attachées. Quelle leçon pour des missionnaires, quoique donnée sans intention ! Que je serais heureux, si je pouvais raisonner comme ces bonnes gens ! Leur obéissance toujours prompte aux ordres souvent impérieux des chefs qui les épargnent peu, est vraiment exemplaire. Tout cela fait pour Dieu deviendrait grandement méritoire. Ils travaillent non seulement le jour, mais même la nuit, où la moitié de l'équipage est toujours debout pour la manœuvre. Il leur faut une santé de fer pour y tenir; aucun n'a été malade. Le cuisinier de notre bord, quoique d'un rang un peu plus élevé, ne manquait pas d'occasion d'exercer sa patience. Quelle peine pour lui, dans les chaleurs, d'être obligé de demeurer continuellement devant le feu de la cuisine, et dans les jours de grosse mer, de recevoir tous les flots qui entraient dans le navire, n'ayant aucun abri ! Une lame d'eau un peu forte aurait pu le jeter à la mer, lui et sa cuisine, petit buffet en fer. Lorsque l'on apperçoit quelques flots agités se précipiter dans le navire; l'on s'empresse de s'attacher à un objet.

Un jour que nous étions cinq ou six personnes réunies sur le pont ; il survint un flot qui nous força à nous retenir à une cabane qui fut arrachée ; mais nous tinmes bon.

Ces désagréments, inséparables d'une longue traversée, ne sont guère compensés. La navigation qui de loin plait n'a plus rien d'attrayant pour celui qui la voit de près. On est bientôt fatigué de n'apperçévoir autour de soi qu'un cercle d'eau surmonté de la voûte céleste. Ce spectacle, à raison de sa nouveauté, frappe au premier abord, mais bientôt ce n'est qu'une vue désagréable, où l'on n'apperçoit nulle variété. L'horison même est très-borné, on s'imagine que la vue est récréée par les habitans de la mer, mais à tort, ce n'est que rarement qu'on apperçoit quelques poissons, encore à une distance qui souvent ne laisse appercevoir que très imparfaitement. Les eaux qui touchent le navire sont toujours écumantes par leur choc et ne permettent pas de rien découvrir de près. Ce qui s'offre le plus fréquémment à vos regards, ce sont, chose surprenante, les oiseaux. La mer à les siens comme la terre, ils s'y nourrissent de poisson auquel ils donnent la chasse, ils ont la faculté de demeurer dans l'eau comme les canards. Après en avoir vu plusieurs depuis mon entrée en mer jusqu'à environs 400 lieues du Cap, nous ne cessâmes dès ce moment d'être accompagnés d'une nombreuse escorte pendant peut-être plus de mille lieues. Ceux-ci ne nous avaient pas encore quittés que déjà une troupe d'une autre espèce venait relever le cortège. Ils suivent ainsi les vaisseaux, pour se nourrir de ce qu'on jette à la mer. On leur jette par fois l'hameçon auquel ils se laissent prendre. Quant aux poissons, à l'exception de quelques nuées de poissons volants et de quelques régiments de Marsouins, j'ai à peine vu quelques Requins, quelques Bonites et une ou deux Baleines.

Vous voyez donc que les connaissances ne s'accroissent pas beaucoup sur mer. Qui plus est, sur mer et dans le royaume des poissons, on ne mange que rarement du poisson. La pêche ne s'allie pas avec la marche d'un navire. J'ai néanmoins gouté une fois ou deux le poisson. Ayant pris un requin, espèce de chien de mer qui rode autour du navire pour saisir ce qui y tombe et qui est extrêmement vorace, nous eûmes la curiosité d'en manger, je ne le trouvai pas mauvais. On éprouve cependant une répugnance naturelle à se nourrir de ce monstre qui lui-même se repaitrait volontiers du cadavre humain. Aussi se garde-t-on bien de nager en mer, crainte de faire sa rencontre, il ne ferait pas quartier. Il est long. Il est toujours précédé de quelques poissons qu'on appelle *pilotes*, parce qu'ils lui servent de guides. Tout vorace qu'ils est, il n'attaque jamais ses conducteurs. Cette union m'a beaucoup frappé.

L'oiseau appelé DAMIER, qui suit les navires, se laisse assez facilement prendre à l'hameçon. Le plus singulier oiseau que j'aye vu, c'est le MOUTON ou oiseau du cap. Il est d'une grandeur demesuré. Le Fou n'est pas moins remarquable par sa stupidité. Il vient se poser sur le navire et se laisse prendre sans penser même à fuir.

Voilà toutes les merveilles que j'aye remarquées. J'ajouterai que les poissons volants tombent parfois dans le navire, Ils sont extrêmement petits.

Une merveille tout autrement utile, c'est celle des vents, le mobile de la navigation. D'après des observations exactes, on a reconnu que tel vent règne toujours dans tels parages, en conséquence quand leur direction s'accorde avec votre route, vous vous dirigez dans les parages où ils règnent et vous vous abandonnez à leur conduite, certain qu'ils ne vous manqueront pas. Si l'on était obligé de naviguer avec les seuls vents *variables*, quelle longueur !

Vous me demanderez peut-être combien un vaisseau fait de lieues par jour. Il est impossible de répondre généralement, ceci dépend des vents, qui sont tantôt forts, tantôt faibles, aujourd'hui favorables, demain peut-être contraires. Remarquez cependant ici que le vent n'est pas seulement favorable quand il vient de derrière, mais aussi quand il prend par le côté. Qui plus est, souvent il vous paraît venir de devant et néanmoins il suffit pour vous faire marcher, parce qu'il n'est pas nécessaire qu'il ait beaucoup de prise dans les voiles. Est-il devant? Vous n'êtes pas pour cela arrêté. Comme on ne pourrait pas suivre sa route directe, on tourne un peu le côté du navire au vent et l'on s'avance obliquement. Ensuite, on présente l'autre côté pour regagner du côté dont on s'est éloigné et ainsi on parvient à faire le chemin; il est vrai qu'il n'est pas considérable.

Quand donc les vents sont forts, on peut faire en 24 heures septante et même quatre-vingts lieues, si le navire est d'une marche supérieure; mais c'est rare. Un bon vent ordinaire vous fera faire 40 à 50, et même 60 lieues. Mais comme les jours se suivent et même les momens, sans se ressembler, il arrive qu'on ne peut donner une règle sûre. En partant du principe que Batavia est à 5500 lieues de France, je conclus, qu'ayant fait ce trajet en quatre mois, notre navire a marché 45 lieues par jour, l'un dans l'autre.

Je mets fin à cette relation, en concluant que mon voyage a été des plus heureux, et même des plus courts. A la vérité, on a vu un navire partir de Batavia arriver en Europe, et être de retour à Batavia, le tout dans l'espace de six mois. Ce qui étonne, quand on considère le temps qu'on perd à décharger et à recharger un navire. Le local était fort étroit, ce qui a été une incommodité assez sensible. Nous allons nous rendre directement à Macao en Chine, par un vaisseau portugais, le *Gratidao*, Il part peut-être demain 26 Août. Il nous a manqué de parole, il aurait dû se mettre en mer vers le 15. Ce contre-temps nous a permis de dire la sainte messe aujourd'hui, fête de Saint Louis, roi de France.

Notre voyage de Chine est de 6 à 700 lieues qu'on peut faire dans 20 ou 30 jours. Ce n'est qu'une promenade quand on a franchi 5500 lieues de l'Océan. La mer de Chine, à la vérité, est périlleuse, surtout en septembre. Mais enfin, aidé du Seigneur, j'ai la cofiance d'y naviguer heureusement. Notre navire est fort grand. En déchargeant au port de Batavia il avait coulé à fond. Heureusement, n'y ayant que 30 pieds d'eau, on a pu le relever. Si pareille chose lui arrivait en pleine mer, sa perte serait certaine, mais Dieu ne le permettra pas.

Nous montons à bord aujourd'hui. Je laisse cette relation chez M. *César*, negotiant français qui voudra bien la remettre à un vaisseau de Bordeaux qui doit arriver ici ces jours-ci : Ce navire s'appelle l'*Alexis*; il est un peu plus loin que Batavia, il s'en retourne. Si cette occasion manquait, la lettre serait envoyée par une autre, après avoir été déposée à la poste. Il vient d'arriver dans le détroit de la Sonde à 25 lieues de Batavia, un navire français, le *Cosmopolite*, capitaine Privat, venant du *Havre*, allant à *Manille*. Il ne s'est point arrêté ici, ce qui nous a privés d'apprendre des nouvelles ou même d'en recevoir; car il y a peut-être quelques lettres pour nous; et même, le missionnaire qui devait partir de Saris en mai s'y trouve peut-être.

Adieu la langue française que nous avons pu parler jusqu'ici ; nous confinons avec des Portugais dont deux seulement connaissent notre langue. Du reste, j'aime mieux avoir à faire avec des étrangers qu'avec nos maudits Français.

LA CONTINUATION A MACAO.

BATAVIA, LE 25 AOUT 1828.

CONTINUATION DU VOYAGE,
DEPUIS BATAVIA JUSQU'A MACAO,
EN CHINE,
PAR F. X. MARETTE,
MISSIONNAIRE APOSTOLIQUE.

Après de longues remises, (le départ lors de l'engagement était fixé au 15 août), nous mîmes à la voile le dimanche, 7 septembre. Notre voisinage de la ligne qui n'est qu'à une centaine de lieues de Batavia; et plus encore, notre navigation entreprise, par suite des retards, au moment où la mousson de la mer de Chine change, ne nous permirent de marcher qu'à petites journées. Le vent était si faible, que nous fûmes près de 20 jours pour faire environ 200 lieues. Il n'est pas rare de faire la traversée entière dans une quinzaine, et nous, nous n'avions encore atteint que le tiers de la route. Macao est à environ 6 à 700 lieues de Batavia. Vous vous rappelez qu'à notre premier passage de la ligne, le calme nous avait aussi contrariés. Quoique la lenteur de la marche ennuye d'ordinaire les navigateurs, nous fûmes inaccessibles à ce mal. Étant très bien soit pour le local, soit pour la table, nous semblions oublier que nous fûssions habitans de la mer. Nous ne ressentîmes même pas l'incommodité des chaleurs, si fortes à la ligne; ce qui m'étonna. Je m'étais attendu à ressentir, comme en venant d'Europe, tout le feu du soleil, tandis que je ne lui trouvai pas même le degré de chaleur de Batavia; bien qu'il nous passât directement sur la tête. De plus, chaque jour, quelques îles venaient récréer nos regards.

Si ce bien être contribuait à notre satisfaction, nous eûmes cependant plus d'une occasion de nous attrister: mais avant de parler de ces disgrâces, je dois vous dire comment était composé notre navire. Outre trois officiers comme d'usage, et un écrivain; il y avait une quarantaine de matelots, 5 à 6 domestiques ou cuisiniers; de plus, nous étions six passagers européens et 36 autres chinois. Dans cette réunion d'une centaine d'hommes, il se trouvait des gens de tout pays, outre des Français et des Portugais; nous avions Espagnol, Italien, Anglais, Indiens de toutes sortes, Malais, Chinois, Africains, Américains, etc. En un mot, depuis le teint le plus blanc jusqu'au plus noir, avec les nombreuses nuances qui les séparent, tout se trouvait réuni à notre bord.

Les Chinois passagers n'avaient rien de commun avec nous; ils logeaient dans l'entre-pont, et nous sur le pont. Ils faisaient eux-mêmes leur cuisine ; le navire leur fournissait seulement le riz. Leur table étoit le plancher ; ils avaient formé des ménages de cinq à six personnes ; ils ont été fort tranquilles. Une réunion de Français de cette classe (ils font un petit commerce) ne serait pas si facile à contenir ; seulement au commencement, deux ou trois se mutinèrent contre le second du navire. Après des paroles, on allait en venir aux coups ; déjà nos trois chinois révoltés s'armaient de gros bois, et notre équipage, tandisque le second volait à une épée, et que le maitre armé d'une massue de fer voulait tout tuer, prenait l'attitude de défenseur de l'officier, lorsque des hommes pacifiques arrêtèrent l'impétuosité des uns et des autres. Des Français, loin de s'établir conciliateurs, se fûssent tous rangés du côté de leurs compatriotes, et le combat eut vidé la querelle. Nos Chinois furent plus réservés ; personne ne prit le parti de se révolter. Tous s'efforcèrent d'établir la paix. On en vit même, pour tempérer l'ardeur de notre jeune officier, se jeter à ses genoux. Au reste cette rixe ne dura qu'une minute.

Les matelots formèrent différentes sections, selon leur religion et leur langue. Outre la bande des Chrétiens, il y avait celle des Mahométans, une des Indiens, et celle des Chinois. Cette distinction est presque rendue nécessaire par la superstition. Un Lascar ne ferait pas, pour tout au monde, ménage avec un étranger. Ils doivent préparer eux-mêmes leur nourriture : ils se souilleraient en mangeant ce qu'un autre aurait préparé. Cet équipage n'est pas imposant. Ce sont la plupart de pauvres misérables dont l'extérieur n'indique que trop le peu de forces qui anime leurs membres décharnés. Douze à quinze bons Européens vaudraient mieux qu'une cinquantaine de squelettes ramassés dans les rues de Batavia. Outre qu'ils ne connaissaient guère la manœuvre, ils étaient d'une lenteur insupportable. On a besoin de les stimuler avec le rotin, dont on ne leur épargne pas les coups, encore gagne-t-on peu. Dans le commencement, le spectateur de ces exécutions plaint ces malheureux, et accuse les chefs d'inhumanité. Mais il est semblable à ce bon lapin qui avait repris un paysan des jurements qu'il proférait pour faire avancer ses bêtes de somme. Le campagnard ayant invité le religieux à prendre la conduite de la voiture, celui-ci dont les paroles douces n'avaient pas fait d'impression sur ces animaux, quitta bientôt le poste, disant au campagnard d'agir comme il pourrait. La nourriture de ces pauvres gens n'est guère que du riz. Ils gagnent à la vérité quelques piastres, dont ils peuvent s'acheter quelques petits assaisonnements et quelques guenilles. Ils n'ont que de méchants haillons incapables de les préserver des pluies et de l'intempérie des saisons. Ils ne portent point de linge, (ils ont cela de commun avec tous les peuples de ces contrées), aussi sont-ils pouilleux, galeux et lépreux.

Quant à nous, nous ne nous montrions point à bord comme prêtres, pour ne pas donner d'ombrage aux nombreux Chinois présents. Mon costume était une veste que j'avais faite moi-même en coupant le corps d'une soutane, et un pantalon de toile avec un chapeau de paille. Malgré cette réserve, j'ai peine à croire qu'un seul ait ignoré notre profession.

Voici donc les évènements fâcheux qui arrivèrent à notre bord.

Un Indien qui eut le pied écrasé au moment où l'on levait l'ancre, et qui, à quatre heures du matin avait jeté l'alarme dans tout le navire par les cris que lui faisait pousser la douleur d'un pied pris entre une énorme machine, ne fut que le présage de nos malheurs.

Plusieurs matelots avaient contracté à Batavia (où nombre des marins succombe, et où 7 des nôtres avaient trouvé la mort), des maladies dont ils n'étaient pas encore délivrés au départ. En conséquence, nous en embarquâmes plusieurs malades. Le vaisseau n'avait ni médecin, ni médecine. Un Portugais de Macao, destitué de tout secours, fut bientôt désespéré. Nous nous empressâmes de lui donner les remèdes de l'âme. Muni des sacrements de l'église, il rendit l'âme le 16 septembre. Il y avait à peine trois heures qu'il avait expiré, que déjà on l'avait enseveli dans sa couverture avec une pierre aux pieds, prêt à être jeté à la mer. Nous nous réunîmes autour du corps, et récitâmes quelques prières, après quoi le cadavre fut précipité au fond de la mer, où il ne tarda pas sans doute à devenir la proie des poissons.

Plusieurs, tant des Chinois que des matelots et le capitaine lui même, étaient tombés malades. A peine y avait-il trois jours que le matelot était mort, qu'un passager Chinois le suivit. Comme le premier, il fut promptement enterré, mais avec des circonstances particulières. Les Chinois accoutumés à conserver précieusement dans de riches cercueils les dépouilles de leurs ancêtres, achetèrent un tonneau qu'on leur vendit environ 65 francs pour y renfermer le corps. Il s'agissait d'en venir à l'opération. D'un côté, les matelots n'étaient pas d'humeur à prêter leur ministère gratis, et de l'autre, les Chinois n'ont pas la maladie de la prodigalité. Enfin, après quelques indécisions, ils se déterminèrent à sacrifier 12 francs que leur demanda le charpentier, *bien que Chinois lui-même*, pour ouvrir et fermer simplement le tonneau. Ce n'était pas tout, il fallait y loger le corps, les matelots s'en chargeaient pour douze autres francs. Nos Chinois dont aucun ne voulait toucher au mort, furent encore obligés de se soumettre, non sans peine, à la verité. Ils obtinrent seulement qu'au lieu d'argent ils paieraient en bière. Au seul mot de *bouteille*, le marché fut conclu. Nos gens volent au gîte du défunt, (il était sous la chaloupe), l'arrachent et l'enfilent gaiement dans son tonneau; le cercueil n'était pas dans les proportions, mais on parvint bientôt à raccourcir l'homme, en lui brisant les jambes. Le tonneau fermé est jeté à la mer, sans autre formalité et sans larmes. Il vogue sur les eaux, jusqu'à ce que les flots le jettent sur les côtes, ou que rencontré en mer, quelqu'un croyant faire une heureuse découverte, le défonce. Les Chinois ne rendirent au défunt aucun de ces honneurs divins dont ils sont si prodigues envers les morts, qu'ils n'hésitent pas à mettre au rang des Dieux. Ils me donnèrent pour raison, qu'ils n'ont pas de religion sur mer. A bord des sommes Chinoises, on temoigne cependant souvent sa dévotion aux idoles, surtout pour obtenir du vent. Il y a même sur les vaisseaux, (le dirai-je à la honte des chrétiens), une chapelle desservie par un homme uniquement payé pour faire des sacrifices ou des offrandes.

La mort continua ses ravages huit jours après le décès du second, un autre Chinois passager en fut frappé. Renfermé aussi dans son tonneau d'où la tête sortait, il fut confié aux eaux, qui selon les idées Chinoises, doivent porter ce cadavre dans leur patrie, tandis que probablement une heure après, un requin, chien marin très-vorace, l'avait dévoré.

Le soir même de l'enterrement de ce Chinois, on s'occupa du testament de son camarade. Celui-ci, après avoir encore lutté deux jours, succomba. Ses obsèques furent faites par les matelots, moyennant bon casuel. Ils exigèrent une quinzaine de francs seulement pour l'entortiller dans sa natte et le jeter à la mer. S'il n'eût pas les honneurs d'un tonneau, ce fut par impossibilité d'en obtenir un, et non la faute de ses compagnons. Ainsi ce pauvre malheureux fut privé de la sépulture, ce qui est un grand déshonneur en Chine.

J'interromps le récit des ravages de la mort, pour reprendre notre voyage.

Les derniers jours de Septembre, il nous vint du

vent, et un vent meilleur qu'on ne s'y attendait. Il dura huit jours, et nous poussa à 80 lieues de Macao. Nous nous croyions rendus, lorsque le vent venant à changer, nous obligea à rétrograder toute une journée. Il était si violent, que sans voile, nous fîmes en 24 heures 40 à 50 lieues. Il fallut se préparer à la tempête. On descendit le haut des mâts. Ce vent contraire diminua le lendemain, mais persévéra pendant une dizaine de jours. Tout ce temps-là, nous ne fîmes que nous écarter de Macao. Nous gagnâmes à l'Est, et nous nous rapprochâmes de Manille. On songeait déjà à aborder l'île, pour y rafraîchir, lorsque le 12 Octobre, le vent se déclara pour nous.

Nous avions eu un peu à souffrir pendant cette quinzaine. Outre que notre espoir de voir Macao dans deux jours nous était enlevé, nous eûmes la douleur de nous en voir éloignés. De plus, notre position au milieu de la mer de Chine n'avait rien de rassurant. On y est exposé à des coups de vent terribles, appelés *typhons*; ils ont bientôt perdu un navire. Il serait trop long de raconter tous les malheurs arrivés aux marins dans ces parages, le nombre des vaisseaux domatés ou perdus serait capable d'effrayer. Ce malheur pouvait d'autant plus nous arriver, que cette saison est la plus mauvaise. On évite autant que possible, de naviguer sur cette mer en Septembre et Octobre ; aussi ne rencontrâmes-nous qu'un navire ou deux. Dieu nous a si bien protégés, que nous en avons été quittes pour la peur, comme on dit. Une fois surtout, personne n'avait tenté de rire. Dans une nuit obscure et pluvieuse, où un vent des plus forts nous avait obligés à serrer les voiles et à nous arrêter, vint à casser le timon du gouvernail. Le timonier ne prenait pas garde, le timon ne donnait pas sur le pont. Le navire, abandonné au vent, commençait à balancer fortement. Le pilote s'en étonne, examine, et a la bonne pensée de voir par lui-même si le navire gouverne ; il reconnaît aussitôt l'avarie, court examiner le timon. Il est cassé dans le gouvernail même, et le trou bouché empêche qu'on en place un autre. Le temps presse, (le gouvernail, battant de tous côtés, pouvait à chaque instant nous donner de l'inquiétude), le pilote se souvient qu'en haut du gouvernail qui donnait dans les chambres, il y a un trou pour y enfiler une barre. A l'instant, armés de haches, de marteaux, nos gens se précipitent dans nos chambres, et sans avoir le temps d'éveiller les endormis, ils abattent à grands coups les chambres, pour parvenir au gouvernail. On s'éveille, et on se croit perdu. On court, on s'informe, enfin on apprend la cause du trouble ; alors la sécurité renait. L'avarie, quoique dangereuse, n'est point ce qu'on s'imaginait d'abord. Je fus vraiment un moment où ne sachant pas quel était l'accident, je songeais déjà à la mort, et aimais à me tenir près d'un confrère pour recevoir l'absolution, si le cas l'eût exigé. De jour, pareil accident petit en lui-même, et assez ordinaire, (il faut bien que les vieux bois cassent), n'eût causé aucune inquiétude ; mais de nuit, c'est triste. Déjà nos Chinois, toujours timides, pensaient à s'emparer de la chaloupe, en cas de danger. Comme nous, ils en furent quittes pour un bon moment de frayeur. Ils firent, c'est je crois à cette occasion, un vœu à leurs Dieux, qu'ils ont rempli fidellement, arrivés à Macao. Je doute fort que ce soit à leurs idoles que nous devions notre salut. Le démon n'aurait pas mieux demandé que de précipiter cinq missionnaires chinois dans la mer. Ces pauvres Chinois eurent bien à souffrir dans leur réduit et leur chaloupe, (cette barque était le logement d'une douzaine ; ils l'avaient couverte de leur mieux pour se défendre de la pluie, mais elle pénétrait). Nous mêmes, quoique bien logés, nous ne nous accommodions pas trop d'être balottés au milieu d'une mer orageuse. L'agitation du navire ne nous permettait pas de nous appliquer, trop heureux de pouvoir nous tenir dans un coin, pour éviter d'être jetés d'une extrémité de la chambre à l'autre. A peine pouvait-on se tenir pour manger. Un jour deux personnes vinrent de l'extrémité opposée tomber dans mon assiette; il y avait de quoi rire. Les plats s'en allaient de tous cotés. Notre cuisine se sentait de notre détresse. Les matelots surtout étaient à plaindre; habitués à un climat chaud, et privés d'habits, ils étaient exposés au froid des pluies, sans cesse mouillés du matin au soir. Ajoutez qu'ils n'avaient presque pas de repos, la manœuvre étant presque continuelle, ou que s'ils en prenaient un peu, c'était sur le pont, exposés au vent et à la pluie. Leur paresse y entrait pour quelque chose. Quand on les laissait dormir dans la cabane destinée pour eux, on avait ensuite mille peines à les réunir pour la manœuvre; on voulait donc toujours les avoir sous ses yeux. Encore, dans les mauvais temps, se cachaient-ils, et fallait-il les aller chercher avec la lanterne et le rotin. Si un vent violent exigeait une prompte manœuvre, on ne trouvait personne pour monter sur les mâts. Dieu me préserve de faire un long voyage avec pareil équipage! Leur lenteur peut faire périr un navire. Heureusement, à notre bord, le pilote se méfiant d'eux, n'attendait pas le mauvais temps pour les faire manœuvrer: prévoyant un orage, il faisait baisser les voiles longtemps à l'avance ; ce qui entravait beaucoup notre marche. Outre un si mauvais équipage, nous avions l'inconvénient d'être sur un navire, solide à la vérité, mais mal en train. Il avait été 15 jours au fond de la mer, devant Batavia. Les voiles s'étaient pourries ; faute d'argent, on n'en avait pas acheté d'autres. Cette épargne aurait bien pu nous être funeste. Le moindre vent déchirait ces voiles. Du moment du départ jusqu'à notre arrivée, il y eut presque continuellement plusieurs hommes occupés à les raccommoder. Qui plus est, nous manquions à la fin de fil pour coudre. Il fallut défaire de la toile, pour s'en procurer. Grâces à Dieu que notre voyage n'ait pas été plus long, nous nous trouvions plantés au milieu de la mer sans voilure.

Pendant ces mauvais temps, peu favorables aux malades, sans cesse secoués, plusieurs furent encore victimes. Nous avions déjà perdu quatre hommes, un autre nous quitta encore. Ce pauvre nègre demanda le baptême et le reçut. Au moment où, sans formalité, on le jetait à la mer, trois requins étaient prêts à saisir leur proie. Le même jour, expira le cuisinier des Malais : ce pauvre homme avait eu deux jours auparavant la cuisse et la jambe fracassées. Un coup de mer agitant le navire, détacha la cuisine qui tomba sur la cuisse de ce malheureux ; les os étaient brisés. Quel remède ? Point de médecin, ni de médecine. On lia de son mieux la cuisse pour faire rejoindre les parties et les os ; pour cela on employa des bois. Ensuite le malade fut étendu sur le plancher de la cabane, n'ayant ni lit, ni rien. Dans cette position, il était impossible que l'agitation du navire ne donna du mouvement à son corps, ce qui devait aggraver sa douleur. En effet, il eut à souffrir une douleur si cruelle que, dans la nuit ne pouvant plus y résister, il leva l'appareil. Le lendemain, il succomba à la violance du mal, sans qu'on s'en doutât. Ses funérailles se firent à la mode de son pays. Ses compatriotes, ayant seulement lavé le corps, l'habillèrent en blanc, et le jetèrent à l'eau, en invoquant leur Dieu. Un Indien Lascar vin, mettre fin à nos pertes ; il était le septième ; on lui lava également le corps, comme on le pratique chez lui. Ses compatriotes qui tout en manœuvrant chantent une espéce de litanies de leurs dieux pour s'exciter, ne firent cependant ici aucune prière.

Heureusement que notre traversée n'ait pas duré un peu plus longtemps ; je doute si un seul de ces pauvres gens eut résisté. Le capitaine fut sans cesse au lit. Quelle maladie régnait donc parmi ces matelots et ces Chinois ? Je l'ignore. Tout ce que je sais, c'est que, abandonnés comme ils l'étaient, couchés à terre, secoués de toute part, ne mangeant guère que du riz, ils ne pouvaient que succomber à la maladie.

Grâces à Dieu, qui depuis la France jusqu'à la Chine, nous a protégés d'une manière tout-à-fait spéciale ; personne d'entre les missionnnaires n'a été malade.

Voilà à peu près tous les événemens passés à notre bord. J'en rapporterai cependant encore un qui attira l'attention de tout le navire : en mer comme il n'y parvient point de nouvelles, on s'occupe des petites choses qui se passent journellement. Un pauvre matelot malais, aveuglé par la gourmandise qui l'empêcha de calculer les suites de sa mauvaise action, s'étoit avisé de voler de nuit les vivres d'un ménage de Chinois. Le coffre qui les renfermait se trouvait sur le pont, il parvint à l'ouvrir. Je pense qu'aussitôt il se régala ; par malheur pour lui, il ne mangea pas tout, et voulut cacher les restes. Les Chinois ne sont pas plutôt éveillés, qu'ils réclament leurs vivres, et c'était bien naturel. Le capitaine fait des perquisitions ; la caisse renfermant les restes tombe sous sa main, aussitôt le soupçonné de vol et quelques autres suspects, sont dépouillés, attachés par les pieds et par les mains, pour subir la question. On leur fit décharger bon nombre de coups de rotin, qui leur arrachèrent les hauts cris. Tout en frappant, on continuait la visite des effets; il arriva qu'on découvrit dans le paquet d'un soupçonné la montre d'un Chinois, volée depuis peu; alors tout fut dévoilé; l'auteur du vol des vivres était aussi celui de la montre : par malheur pour un recéleur, il partagea le sort du voleur. On leur donna une nouvelle bastonnade.

Les Malais ont un penchant irrésistible pour le vol, sans préjudice des Chinois, peu vantés pour leur intégrité.

Reprenons la navigation. Le 12 Octobre, le vent étant favorable, nous nous empressâmes de regagner le chemin perdu. Ce bon vent, si attendu, nous fut fidelle, et dans quatre jours nous étions à la vue de terre. C'était les iles de Chéma, à une quinzaine de lieues seulement de Macao. Avant de découvrir la terre, nous venions d'avoir le bonheur de prendre la hauteur du soleil, (ce qu'on n'avait pu faire depuis six jours); par là, nous sûmes où nous en étions, ce à quoi nous tenions beaucoup, dans la crainte d'échouer de nuit. La vue de terre fut précédée de la rencontre d'un certain nombre de barques de pêcheurs : ce spectacle, comme il est ordinaire, nous fit oublier tout le passé, nous tressaillions tous de joie; et quoi de plus naturel, après avoir couru les dangers de la mer de Chine, si terrible en cette saison !

Arrivés près de ces îles, la nuit nous obligea à faire halte, il n'est pas prudent d'y entrer de nuit; depuis là jusqu'à Macao, toute la route est remplie de petites îles, contre lesquelles il est facile de donner, dans les ténèbres. Pour obvier à cela, nous avions voulu prendre un pilote de l'île, qui, connaissant le terrain, conduit un navire avec sécurité. Celui-ci nous demandant plus de 500 francs pour faire 15 lieues, nous le remerciâmes. C'était un Chinois; ils surpassent nos juifs d'Europe. Le lendemain matin nous fîmes marché avec un autre pour environ 250 francs, qu'il gagna même bien facilement. A cette occasion, nous eûmes la satisfaction d'admirer la générosité de nos co-passagers Chinois, qui s'offrirent d'eux-mêmes à payer pour cela plus de 100 francs. Conduits ainsi par un pilote du lieu, nous marchions avec sécurité à travers ces îles arides; elles appartiennent à la Chine. Le matin, un plus beau spectacle encore se présenta à nous: plusieurs centaines de belles et grandissimes barques de pêcheurs à voiles, allant à la pêche, nous offrirent l'aspect d'une flotte. Ces pêcheurs sont des Chinois condamnés à habiter leurs barques sans pouvoir se fixer à terre. D'où vient cette sévérité du gouvernement chinois ? Je l'ignore. Vers 2 à 3 heures après-midi du 16 Octobre, après une navigation de 40 jours, nous jetâmes l'ancre devant Macao; mais à une bonne lieu de la ville, l'eau étant trop basse pour s'en approcher d'avantage et entrer au port, nous attendîmes la visite de la douane, après quoi, tout le monde débarqua, à l'exception des Missionaires qui, par prudence, attendirent les ordres de leur procureur à Macao. Malgré nous, nous ne pûmes descendre que le lendemain, dans l'après-midi. Après avoir obtenu un permis, le procureur nous envoya prendre par une superbe barque à voiles, au pavillon Portugais. Quelle fut ma surprise, lorsque voyant dans cette barque un prêtre, j'y reconnus un confrère parti de Paris un an avant nous ! Je raconterai plus tard son histoire. A peine rendus à notre procure, M. le procureur nous conduisit aussitôt chez un ancien gouverneur Portugais de Macao, qui, la veille, ayant vu un navire portugais, s'était empressé d'aller annoncer notre arrivée si désirée, et de nous inviter à dîner le lendemain. Ce Monsieur nous reçut avec une bonté sans égale. Tout le monde nous félicitait sur notre heureux voyage. Le mauvais temps que nous avions éprouvé s'était fait sentir vivement à Macao ; d'un autre côté, notre arrivée si retardée, tout cela avait donné de vives inquiétudes sur notre sort. M. Baroudel (c'est le nom de notre procureur, il est de Besançon, et est ici depuis onze ans) commençait à nous abandonner entre les mains de la Providence, et faisait son sacrifice, dans le cas où Dieu l'eut exigé. Il en a été, comme nous, quitte pour la peur.

La maison que nous habitons est assez commode, seulement il n'y a pas de jardin. La nourriture est européenne. Le vin n'est pas précisément cher, ainsi que le pain. La ville de Macao appartient à la Chine et au Portugal : les Portugais ayant détruit, aux environs de Macao, des pirates qui infestaient ces côtes, obtinrent en récompense de s'établir dans l'extrémité de la presqu'île de ce nom, où ils bâtirent la ville au 16.ᵉ siècle. Les Portugais sont à l'étroit, le terrain n'est qu'environ de deux lieues de circonférence; l'intérieur des terres est défendu aux Européens, une muraille en interdit l'entrée. Les Chinois ont ici leurs mandarins comme les Portugais leurs officiers civils et militaires; il y a plusieurs forts aux Portugais, le nombre de ceux-ci, à Macao, n'est guère que de 5000 (1), tout le reste,

---

(1) Encore sont-ils presque tous métis, nés d'alliance Chinoise; ces misérables ne sauraient donner aux Chinois une

qui n'est pas peu de chose, est Chinois. Il y a un évêché, mais l'évêque est mort. On y trouve des religieux, Augustins, Franciscains, Dominicains, Lazaristes, et des religieux de ces différents ordres.

Il y a trois procures pour les missions, celle de la Propagande de Rome, celle des Dominicains d'Espagne, et celle des Missionnaires français. C'est là le rendez-vous général des Missionnaires. En ce moment, nous sommes une douzaine de différentes nations, tous prêts à partir quand l'occasion s'offrira. C'est notre maison qui est la plus nombreuse : nous sommes sept prêtres Français y compris le procureur. Jamais peut-être notre procure n'avait été si bien fournie. Un de nous demeurera avec M. le Procureur, pour le remplacer plus tard; les cinq autres, d'après les destinations reçues ici, passeront, l'un au collége de Pulo-Pinang près de Siam (celui là retournera presque jusqu'à Batavia); l'autre, dans la province du Sat-Chuen, en Chine; un troisième, M. Cuenot, en Cochinchine; les deux autres, dont je suis l'un, passeront à la mis-

---

grande idée du Portugal : les mœurs des Européens ne sont pas non plus très-épurés. Mon séjour ici est trop court pour me hasarder de parler de la Chine, il faut avoir étudié ce peuple.

sion du Tonkin, (c'est le même roi qui gouverne la Cochinchine et le Tonkin; ce dernier royaume est limitrophe de la Chine). Nous comptons tirer chacun de notre côté, entre Noël et Pâques, selon les occasions des vaisseaux. L'entrée de nos missions offre des difficultés, mais si Dieu est pour nous, qui sera contre nous?....

Ici nous n'avons qu'à nous délasser du voyage. Nous fîmes visite aux principaux Portugais après notre arrivée, et depuis, nous sommes entre quatre murs, ne sortant que pour quelques visites ou promenades, encore n'allons-nous que deux à la fois pour ne pas faire sensation chez les Chinois, qui n'entendent pas raison *sur la marchandise des Missionnaires*. Notre costume est l'habit laïque : je vais sans difficulté dans les rues, et même chez les prêtres, avec une carmagnole blanche et un drole de chapeau de paille, plus semblable à un boulanger qu'à un prêtre; c'est à qui réussira le mieux à contrefaire les séculiers. J'affecte l'air le plus effronté possible.

Nous sommes marchandises prohibées, il faut donc en venir aux ruses des contrebandiers.

Ayant ici deux chrétiens Tonquinois, venus pour conduire les missionnaires dominicains, je tâcherai d'en profiter pour l'étude de la langue. L'un sait un peu le latin, mais j'ignore s'il peut m'être utile; je doute qu'il soit grand lettré. Au reste, j'ai le temps, une fois au Tonkin, je ne manquerai pas de maîtres.

Nous avons ici trois élèves Chinois qui viennent de finir leur théologie au collége de Pulo-Pinang; ils retournent dans leur patrie. Leurs évêques les ordonneront. Ils savent très-bien le latin et le parlent plus facilement que moi, par l'habitude contractée au collége, où il leur est défendu de parler chinois; le plus jeune est de mon âge, et sait même le français; le plus âgé a trente ans. Je m'attache à ces Chinois; la jeunesse chinoise est, à mon avis, assez intéressante; en général, les Chinois ne sont pas sots, seulement ils poussent la fourberie trop loin. Quelques Chinois de Macao sont chrétiens : ils chantent leurs prières, ce langage ne m'a pas déplu, toute la dificulté est de l'apprendre.

Je n'ai point vu les Pagodes ou temples d'idoles, ainsi je n'en dis rien (1); je n'ai guère plus visité les églises; nous avons notre oratoire domestique.

---

(1) Je viens de voir passer sous mes fenêtres une procession chinoise, on portait dans des niches des offrandes; il y avait plusieurs prêtres; je n'ai point vu de suite. Ils ont la musique.

Le croirait-on, j'ai trouvé, à Macao, un suisse, de Neufchatel, M. Bovet, commerçant en horlogerie, etc., ils sont ici deux frères, et d'autres habitent l'Angleterre et la Suisse ; leur fortune s'avance, il est très-lié avec notre maison ; comme compatriote, nous avons fait connaissance particulière ; il pense repasser en Europe. J'ai aussi rencontré ici un prêtre français, M. Lamiot, anciennement occupé au palais de l'empereur de Chine ; il n'appartient pas à notre corps. Lorsque je le vis la première fois à un dîner d'invitation, je ne me serais jamais douté que tel convive fut français, encore moins prêtre : il porte le costume chinois. Ce vénérable missionnaire, congédié de Pekin, s'occupe ici à élever des jeunes gens Chinois pour le Sacerdoce ; il appartient aux Lazaristes, qui sont les religieux les plus estimés de Macao. Ils tiennent un nombreux collége, où tous les jeunes Portugais vont recevoir leur éducation. Une chose remarquable dans cette maison, c'est de voir tous ces élèves, jeunes ou non, aspirants au sacerdoce ou aux charges du siècle, porter indistinctement la tonsure. Je me tais sur cet usage, dont l'origine m'est inconnue. Sans doute aussi ils sont revêtus de l'habit ecclésiastique ; mais ceci m'étonne moins, cette pratique est en Espagne.

Ici le soleil se lève 7 heures 25 minutes plutôt

qu'à Paris : le pays est situé à l'extrémité de la zone torride, et participe à la chaleur de cette zone, comme aussi au froid de la zone tempérée. Actuellement, l'hiver va commencer, le froid ne sera pas celui de France, mais il aura ses rigueurs, quoique sans neige. Macao est aride, on n'y trouve pas même un petit bosquet pour se mettre à l'ombre (1). Le port n'est ouvert qu'aux Portugais et aux Espagnols de Manille, les autres vaisseaux vont à *Canton*, centre du commerce, à 30 lieues d'ici ; le navire français qui nous a porté à Batavia vient de Manille prendre du chargement pour M. Bovet, mais il ne pourra entrer ici, il restera en mer, où l'on transportera les marchandises : c'est ce qu'a fait un autre navire français parti de France après nous, et reparti 15 jours avant notre arrivée ici.

Voici l'histoire du confrère rencontré ici, parti avec quatre autres confrères, en Mai 1827, sur le *navigateur*, il vint échouer contre un rocher entre Batavia et Manille. L'avarie ne les empêcha pas de continuer leur route, mais le vent les jetta sur les côtes de Cochinchine. A son arrivée, le capitaine

---

(1) Ce lieu ne produisant presque rien, les Portugais dépendent des Chinois pour les choses de la vie.

voulut faire réparer son navire, mais n'ayant pas trouvé les choses nécessaires pour cela, il prit le parti de vendre les marchandises et les navires; ensuite il s'embarqua après deux mois de séjour, sur une somme chinoise, avec tout son équipage, pour Canton. Les passagers eurent le bonheur de ne pas monter sur ce navire, et voulurent profiter d'une occasion plus sûre. Ils avaient raison : les Chinois ont massacré tous nos français (ils étaient environ 14) pour se saisir de leur argent. Un seul a échappé à la nage ; il a dénoncé l'affaire à Macao : les coupables sont reconnus et vont être exécutés aux différents ports de Chine.

Comment ne pas louer la divine Providence, qui n'a pas permis que nos Missionnaires s'embarquassent avec leurs compagnons ! Oui, je n'en doute pas, les Missionnaires sont, selon l'expression d'un saint homme, les *enfants gâtés* de la Providence. Si, comme dit le prophète, je vais habiter les extrémités de la mer, c'est la main du Seigneur qui me conduit.

Macao, en Chine, le 1.er Novembre 1828.

CONTINUATION
DU VOYAGE EN CHINE.

Macao, le 4 Avril 182?.

Fidelle à ma promesse, je vais, avant de sortir de Chine, vous dire quelques mots sur un pays si curieux, et qui, récemment, vient de fixer l'attention de la France. Un séjour de six mois donne bien peu d'expérience. D'ailleurs, je n'ai habité qu'un petit coin, et surtout un port de mer ; sans rapport habituel avec une nation dont j'ignore la langue ; autant de circonstances qui infirment mon autorité. Qui ne sait que pour parler d'un peuple avec intérêt et vérité, il faut l'avoir pratiqué longtemps, et ne pas juger généralement d'après la seule vue d'un lieu! Le caractère d'un peuple ne doit point se chercher non plus dans un port de mer, où la communication avec les étrangers vicie beaucoup le naturel. Aussi, Macao et Canton, les deux seuls endroits de l'empire Chinois, accessibles aux Européens, ne passent-ils pas pour modèles. C'est l'ignorance de ce principe qui a porté tant de navigateurs à juger de la Chine au seul apperçu de Canton. De là, la différence énorme entre le récit de ces faiseurs superficiels de relations et celui des historiens instruits. Je préviens, en conséquence, sans détour, que mon récit, quoique dicté par ma véracité personnelle, n'est point infaillible. Pour éviter l'erreur, je me borne à rapporter ce que j'ai vu ou entendu de personnes véridiques, en commerce habituel avec les Chinois. J'ai entretenu aussi plusieurs élèves chrétiens de différentes provinces de la Chine.

C'est à l'extrémité méridionale d'une ile Chinoise, fort rapprochée du continent, que se trouve la ville de Macao. Elle donne sur l'entrée du golfe de Canton, port considérable, dont elle n'est distante que de trente lieues. Cet emplacement, qui n'a que deux lieues de circonférence, en forme de presqu'ile, close par une muraille qui interdit l'entrée des terres, fut accordé, avec certaines charges, au commencement du 16.ᵉ siècle, aux Portugais, en récompense de l'expulsion des pirates qui infestaient les côtes méridionales de la Chine. C'est la seule nation qui ait obtenu le privilège si recherché par tant d'autres, d'être admise sur le sol chinois. Malheureusement le Portugal ne tire pas aujourd'hui l'avantage de sa position ; son commerce est presque nul. Macao, quoique extrêmement circonscrit, est regardé comme colonie portugaise, dépendante de la métropole de Goce, dans l'Inde. Il y a un gouverneur, un sénat, un corps de troupes, un évêché avec son chapitre, des couvents de Dominicains, Franciscains, Augustins, Lazaristes et Claristes, et plusieurs églises. Le gouvernement chinois y a un mandarin inférieur, qui, tout petit qu'il est, fait la loi aux Portugais; pareille sujétion est un peu la faute de la trop grande condescendance des Européens, qui n'ont pas su se maintenir dans la liberté primitive. La population de la ville peut se monter à 50,000 âmes, mais, excepté quelques centaines de cafres esclaves, et 4 à 5,000 portugais métis, tout est Chinois. La ville, bâtie par les Européens, n'était destinée que pour eux; mais on a laissé empiéter les Chinois, qui, peu à peu, finiront par occuper ce petit terrain. Très-peu de ces Portugais sont nés en Europe, par le mélange avec les Indiens et les Chinois; la figure de ces métis est bizarre, participant de l'européenne et de l'asiatique, quoiqu'on y trouve par fois conservée la pureté de nos traits. Ces colons, réduits par le malheur des temps à une médiocrité peu aisée, ne peuvent guère soutenir l'éclat de leur nation aux yeux des Chinois. Ils semblent préférer leur infortune à un travail qui leur paraît trop humiliant pour des descendans d'Européens habitués à primer parmi les peuples de l'Inde. A dire vrai, excepté la navigation, Macao offre peu de ressource pour une occupation lucrative. La misère même ne leur ôte pas une certaine fierté qui se conserve avec le souvenir de son ancienne grandeur. Accoutumé, par exemple, à une suite de laquais, un portugais se croirait déshonoré s'il se faisait le porteur d'un livre ou de quelqu'autre petit objet. Je ne m'établis pas censeur de cette délicatesse, qui, selon nos idées, sied mal à l'infortune ; on sait combien il est dur à notre amour-propre de ramper, après avoir été élevé. Ici, les Chinois font tout : ils sont domestiques, ouvriers, marchands, etc.... Macao dépend absolument de l'intérieur des terres pour les besoins de la vie, ce qui rend les Chinois maîtres des Portugais ; il n'y a pourtant pas beaucoup à craindre que les Chinois abusent de cet avantage ; ils respectent trop le droit acquis et confirmé par le temps. Tous les Européens sont entrés à Macao sans difficulté de la part du gouvernement chinois, qui n'a inspection que sur les sujets, (pour se soustraire à l'autorité un peu arbitraire des mandarins, quelques Chinois chrétiens endossent l'habit européen). La compagnie anglaise y demeure une partie de l'année, dans de beaux hôtels qu'elle a élevés à ses frais, sans en avoir pourtant la propriété. Le portugais seul peut posséder ; on y trouve aussi quelques autres Européens, comme Hollandais, Espagnols, etc. qui y demeurent pour le commerce. La ville est bâtie à l'européenne et à la chinoise. On prendrait plutôt les pierres du pavé pour des embûches que pour autre chose, tant elles sont mal posées, se basard chinois est une longue et étroite rue, toute garnie de boutiques assez propres. Cet amas de maisons rend les incendies fréquentes et dangereuses. Le feu y prit dernièrement; mais de prompts secours et le défaut de vent arrêtèrent les progrès de l'incendie ; l'alarme du coup de canon tiré au milieu de la nuit d'une citadelle qui domine notre maison, m'épouvanta plus que la vue des flammes aussitôt comprimées. Macao est très-bien défendu : on y compte jusqu'à cinq forts européens, dont deux dominent. L'artillerie est considérable et forte ; malheureusement, ses forts sont mal entretenus, et surtout les 150 hommes qui composent toute la garnison, la plupart Indiens, sont ineptes à faire jouer cette artillerie. Il prit autrefois envie aux Hollandais d'attaquer les Portugais ; quoiqu'en force bien inférieure, ceux-ci furent vainqueurs. Les Hollandais en furent quittes pour construire le rempart de la ville, ouvrage qui ne pouvait guère être de leur goût. On rapporte que Saint Jean-Baptiste se déclara alors protecteur des assiégés, qui, en reconnaissance, l'ont choisi pour patron. Les Chinois ont eu aussi quelques vues hostiles ; mais un suédois rusé les dissuada, en représentant à un mandarin qui le consultait, qu'avec 30,000 hommes ils s'en rendraient maîtres, en en sacrifiant pourtant 10,000. Ils furent trop lâches pour courir à une perte si assurée. Macao n'a pas d'édifices bien remarquables. Le palais du sénat, quoique beau pour le pays, n'a rien de majestueux. Plusieurs maisons européennes sont de bon goût, surtout les hôtels de la compagnie anglaise. Les églises, sans être des monuments à admirer, sont convenables : une pourtant, celle des Jésuites, a un frontispice assez achevé, elle fait honneur au zèle de la maison de Dieu, qui partout a distingué cette société. La crainte des typhons dispense de mettre des tours aux édifices sacrés. On compte huit églises principales : la Cathédrale, S. Laurent, S. Antoine (ce sont les trois paroisses), S. Paul, S. Dominique, S. Augustin, S. François et S. Joseph ; en outre, il y a plusieurs chapelles moins considérables. L'hopital est en même temps la paroisse des Chinois convertis. Cette multitude d'églises dans un si petit endroit étonne, mais n'en fait pas moins l'éloge de la religion des braves Portugais. Le nombre des prêtres ne répond pas à celui des temples. Il n'y a qu'une vingtaine de séculiers, et une dizaine de religieux, la plupart nés dans l'Inde ou dans la Chine. Le collége royal, tenu par les Lazaristes, sert en même temps de séminaire aux missions de cette congrégation, et même au diocèse de Macao. Une particularité bien singulière dans cet établissement, c'est que tous les élèves portent une tonsure, sans avoir reçu cet ordre. Ma curiosité a été piquée ; j'ai demandé à ces MM. la raison de cette pratique : on m'a répondu qu'elle était générale dans les maisons de Lazaristes portugais. Ces enfants assistant au chœur, on veut qu'il portent les marques ecclésiastiques. Cette maison est très-édifiante. Les élèves chinois vivent à part, et quoiqu'en habit ecclésiastique, ils n'assistent point au chœur, pour ne pas donner ombrage au gouvernement chinois. Cependant certains chrétiens chinois paraissent assez publiquement dans les églises. Une trentaine de religieux Claristes vivent entièrement séparés du monde. Il y a encore quelques autres établissements pieux, notamment une maison d'éducation gratuite pour les jeunes personnes indigentes. La clôture en est aussi exacte que dans un monastère. Les filles ne quittent la maison que pour s'établir. C'est un spectacle bien consolant de voir, à la porte de la Chine, le vrai Dieu solennellement honoré. Ce n'est cependant pas ici que les conversions sont le plus multipliées. On néglige un peu, avec raison, l'instruction des Chinois; on aigrirait le gouvernement, qui en viendrait peut-être à des extrémités. L'expulsion des Portugais, amis de la religion, porterait une atteinte sensible aux missions de Chine et des pays voisins; (si Macao venait à manquer, Syncapacer, à l'extrémité de la presqu'île de Malaca, y suppléerait plutôt que Manille). Macao est le boulevard des missionnaires. Après avoir cessé d'être le centre du commerce du Japon, elle a continué à être le rendez-vous général des Missionnaires et la porte des missions: zèle capable seul de lui conserver le grand nom qu'elle s'était acquis par son importance commerciale. Aujourd'hui, plus de rivalité, le gouvernement du roi très-fidelle accueille les Missionnaires, de quelque nation qu'ils soient. A notre entrée, sur la simple reconnaissance de notre procureur, on nous a dispensé de l'exhibition de nos passe-ports. Il y a trois procures de missions: celle de la Propagande de Rome, celle des Dominicains d'Espagne et celle des Prêtres français. On pourrait ajouter que la congrégation des Lazaristes est une quatrième procure pour les missions portugaises. Chaque procure occupe un missionnaire chargé de la correspondance avec les missions, et l'établissement auquel appartiennent les missionnaires. C'est un poste indispensable.

La distance des missions avec l'Europe demande un intermédiaire, et la difficulté de communiquer avec des pays ennemis de notre religion exige impérieusement la présence d'un homme sur les lieux pour faciliter les voies de relation. De tout temps on a senti cette nécessité et mis le plus grand intérêt à ce qu'un missionnaire prudent remplît cette fonction. C'est lui qui accueille les nouveaux missionnaires et leur facilite l'entrée des missions. Sans l'appui d'un confrère, stylé aux ruses de guerre, un nouveau débarqué serait bien emprunté. Grâces à notre digne Procureur, nous avons été déchargés de toute inquiétude. Arrivés, nous avons pris logement à la procure, sans autre souci que de marcher à l'ordre de ce supérieur. C'est lui qui a fixé nos destinations, laissées en partie à sa sagesse par nos supérieurs de Paris. En conséquence, M. Legrégeois reste avec lui pour lui succéder plus tard ; M. Bohet va au Su-Tchuen (en Chine); M. Cuenot en Cochinchine, M. Journoud et moi allons au Tonkin ; (un confrère déjà à Macao à notre arrivée, M. Chastan, vient d'être envoyé au collége de Pinang, et un autre nouvellement débarqué passera au Su-Chuen, c'est M. Palegois). Depuis longtemps les procures des missions n'avaient été si bien fournies, la nôtre est la plus considérable; sans compter le procureur, nous sommes six. Celle de la Propagande a deux Franciscains italiens pour la Chine, et celle des Dominicains espagnols a aussi deux religieux, l'un pour la Chine et l'autre pour le Tonkin oriental. Plusieurs sont ici depuis près d'un an, épiant le moment de se glisser en Chine ; une démarche si sérieuse demande qu'on combine ses moyens de réussite ; plusieurs voies se présentent, mais toutes n'offrent pas la même sûreté. Celle de Canton, par exemple, expose à bien des périls. Celle du Tonkin, peut-être plus sûre, est plus dangereuse, il reste celle du Fokien, province orientale de Chine; c'est un long détour, surtout pour le missionnaire, qui du Midi tend à l'Occident, mais le chemin est plus rassurant. La principale difficulté est d'entrer; les gens des frontières, habitués à distinguer la figure européenne, sont à craindre, mais dans les terres, personne ne sait ce que c'est qu'un européen ; si quelque soupçon s'élève sur ce voyageur, la difficulté de s'imaginer qu'un étranger soit parvenu jusque là, dissipe cette idée ; il n'est d'ailleurs pas rare de rencontrer dans le nombre quelques Chinois à figure européenne, comme parmi nous des configurations chinoises, sans qu'on s'en doute même, le visage n'est pas le seul traître du missionnaire, l'ignorance de la langue est un déceleur presque aussi redoutable. Que répondra un pauvre missionnaire interrogé? Il feindra le malade ou le sourd et muet; mais pareil expédient réussira-t-il toujours? Que d'occasions pendant un voyage de plusieurs centaines de lieues, dans un pays où la police est vigilante! Un missionnaire qui a voyagé en Chine m'assure que ce n'est point chose facile : une grande partie de la route se fait sur l'eau. Lorsqu'on a un guide intelligent, on est un peu tranquillisé, mais pas au point d'étouffer ces vives appréhensions, excitées par un péril non imaginaire; (les Chinois ne peuvent pas se persuader qu'un mensonge officieux soit défendu). Heureux le missionnaire, qui naturellement courageux, se fortifie par la foi, et s'abandonne entièrement à la divine Providence! Il est facile de faire le brave lorsque l'ennemi est éloigné : mais comme dit S. François-Xavier, quand l'occasion d'exposer ses jours se présente, notre pusillanimité tergiverse. Les motifs surnaturels qui vous avaient frappé dans l'éloignement du danger s'obscurcissent, et si Dieu n'aide votre faiblesse, un tel dévouement devient impossible, grâces à Dieu, tous les Missionnaires de Chine que je vois ici, soutenus du Seigneur, sont prêts à tout; espérons que bientôt, guidés par leurs bons anges, ils entreront dans ces missions, objets de leurs vœux; l'expérience du passé rassure. Je n'ai pas connaissance que depuis nombre d'années, aucun missionnaire ait été découvert pendant son voyage, seulement le P. Vincent, Franciscain italien, revenant, il y a deux ans, du Nord de la Chine, fut reconnu près de Canton, par des enfants, il se déroba à leurs regards, et écrivit aussitôt une lettre aux négociants européens; ceux-ci par une compassion bien naturelle pour un compatriote, lui facilitèrent son évasion. Arrivé devant les frontières, ce bon vieillard (ancien missionnaire de Jérusalem) sortit de sa barque et fut introduit secrètement dans les factories. Naturellement courageux, il avait pénétré au fond de la Chine, sans autre guide qu'un tonquinois, qui comme lui, mettait pour la première fois le pied en Chine; mais ici son courage l'abandonna. L'appréhension d'être saisi dans le court trajet de la rade aux factories, lui laissait à peine la force de marcher. On le prit sous les bras pour le monter dans un appartement; on lui coupa au plus vite sa barbe et sa queue de cheveux, et on l'habilla à l'européenne; un tondait, un autre rasait, un troisième courait chez le plus gros anglais chercher un pantalon de nankin proportionné, encore fut-on obligé pour l'agrandir, de le fendre; un cinquième peignait avec de l'encre les bas chinois du missionnaire qui ne put trouver de souliers assez grands; enfin on lui trouva une jaquette blanche et un chapeau avec un gillet qu'il fallut élargir. La sollicitude de ces messieurs était aussi touchante que la métamorphose était plaisante. A peine déguisé, cet homme à demi-mort auparavant, étonna ses libérateurs par sa gaîté. Ce fut un suisse (protestant) qui se fit un devoir de sauver ce missionnaire; tout autre, me dit-il, fût-il américain, eut rendu ce service.

Quant à nous, destinés pour les royaumes voisins de Chine, nous allons monter une somme chinoise qui fait voiles vers le Tonkin. Le capitaine, quoique payen, sert notre maison depuis plusieurs années avec fidélité, content d'un petit gain assuré. L'entrée du Tonkin nous est aussi interdite que celle de Chine, mais il y a plus de facilité à tromper la vigilance des mandarins. Tout le trajet est par mer et ne présente pas de grandes difficultés : seulement nous avons à craindre la visite de quelques mandarins chinois des côtes dont nous nous approcherons; j'ignore qu'elle serait l'issue d'une pareille rencontre. Je sais qu'un missionnaire fut autrefois arrêté et le vaisseau comme consigné. Traduit aux tribunaux de Canton, il obtint sa liberté. Une fois rendus près du port du Tonkin, nous employons un stratagème : vouloir entrer au port sur la somme chinoise, c'est s'exposer au péril évident d'être reconnu lors de la visite du mandarin. Pour obvier à cela, nous avons recours aux pêcheurs chrétiens, formés à cette contrebande, encore en pleine mer, à l'aide d'un énorme signe de croix, nous les attirons à nous. Dès lors, plus d'inquiétude pour nous, leur zèle et prudence suppléent à tout. Je ne sais quel est alors le plus heureux, ou du missionnaire qui prend possession de son héritage, ou du fervent pêcheur qui possède dans son bateau un maître de la religion. Déposés ainsi secrètement à terre avec nos effets, nous sommes conduits au collége, à une petite distance de la mer; ce court trajet ne saurait être fort dangereux. Nous nous embarquons quatre : trois pour le Tonkin, dont l'un dominicain, est pour la mission du Tonkin oriental, et le quatrième pour la Cochinchine. Nous avons pour conducteur un chinois chrétien qui fait un petit commerce au Tonkin. Le Dominicain est de plus accompagné de deux courriers de sa mission. Comme nous ne savons mot de la langue tonquinoise, ils nous serviront. Pour mieux réussir à éviter de tomber entre les mains d'avides satellites, nous nous déguisons en Chinois ; les seuls Chinois ont entrée. Déjà notre procureur m'a naturalisé chinois, mais chinois roturier. Perdu dans de larges pantalons et vestes ; chaussé avec des bas moins que collants ; armé d'une grandissime pipe et de mon éventail ; éclairé par une superbe paire de lunettes assez semblables à celles des anciens du bon vieux temps, (ruse employée pour cacher le défaut des yeux qui devraient être noirs) ; rasé comme un esclave, avec un petit toupet au sommet pour y attacher une queue postiche de cheveux noirs, peint s'il le faut avec une bonne dose de chocolat ; couvert d'une belle calotte de soie : comment ne pas avoir bonne tournure avec un attirail si imposant! Nous serons censés perorer en Chinois, quoique nous n'ayons pas reçu nos diplômes de lettrés. Si quelque imprudent chinois osait nous adresser la parole, nous lui ferions dire, comme cela est vrai, que nous ne le comprenons pas. Tous les Chinois ne s'entendent pas, surtout ceux de Canton et du Fokien. Je ne sais si, en compagnie d'un confrère, je pourrai m'empêcher d'éclater de rire, en considérant notre métamorphose. Les choses, comme le dit le 14ᵉ nᵒ des Annales de l'association, ne tournent pas très-bien au Tonkin ni en Cochinchine. L'empereur qui gouverne seul ces deux royaumes est fort superstitieux et contraire à la religion chrétienne ; il tolère jusqu'ici les anciens Missionnaires, quoique par fois les mandarins leur donnent la chasse ; mais il a rigoureusement prohibé l'introduction des nouveaux. Il est surtout retenu par les conseils d'un grand mandarin, ami de la religion et des Français, qui ont rendu des services éminents à ce prince ingrat. La haine de ce souverain peut éclater de jour en jour. Espérons que le maître des cœurs changera des dispositions si hostiles. Après tout, c'est, selon une remarque bien fondée, dans les persécutions que la foi se propage. A la vérité, c'est au détriment du salut de plusieurs néophythes. Aujourd'hui, malgré les artifices du démon, l'Évangile est annoncé à ce peuple, et le Seigneur multiplie ses adorateurs. Tel est l'état actuel de la plus florissante de nos missions que je me réjouis d'avoir pour partage. Qu'il me tarde d'être au milieu de mes bons Tonquinois ! Encore quinze jours, et Dieu aidant, je posséderai l'objet de mes vœux.

Vous désirez sans doute connaître ma position à Macao ; je vais vous satisfaire. Entré sur cette terre étrangère avec crainte, j'y demeure avec sécurité, observant toutefois de ne pas faire sensation. Les

Chinois prendraient bientôt ombrage, si chaque année ils voyaient arriver chez eux des Missionnaires ; c'est pourquoi nous nous déguisons tout le temps que nous sommes ici. Nous ne paraissons qu'en laïque ; même dans le commencement, je portais un costume assez leste, un pantalon de toile, une carmagnole blanche, et un chapeau de paille blanche assez ridicule me donnaient plus l'air d'un garçon boulanger que d'un prêtre; plus tard, voyant l'inutilité d'un déguisement si affecté, je suis devenu gros bourgeois. Moyennant ces petites précautions, j'ai joui d'une liberté entière, évitant pourtant de prodiguer ma personne ; je ne me suis montré que deux fois à l'autel hors de notre oratoire ; j'y paraissais avec répugnance, crainte que les Portugais, habitués à me voir en profane, ne se scandalisassent de me voir ensuite à l'autel. La prudence réglait nos sorties et promenades, où nous n'étions pas gênés. On m'assure que le mandarin chinois n'ignore pas nos menées et l'état des choses sur les Missionnaires ; mais il dissimule. Les Chinois eux-mêmes parviennent, en grand nombre, à connaître tôt ou tard notre profession : mais c'est sans conséquence. Un jour me promenant au bord de la mer avec un confrère, je fus fort étonné d'entendre l'interpellation d'un pêcheur chinois qui nous criait, *Mou-*

chieti. Ce n'est pas fort étonnant, tout se sait nécessairement dans un endroit si resserré, où les Portugais ne font pas mystère de nous à leurs voisins Chinois. Le temps que les Missionnaires passent ici en expectative du départ, est un temps de délassement des fatigues d'une longue navigation et de vacances pour mieux travailler à son arrivée en mission. La localité rend cependant l'étude indispensable, sans cela on mourrait d'ennui. Macao offre une nourriture aussi saine qu'en Europe. Le pain est excellent, il se fait avec du blé de Chine; le vin étonne par la modicité de son prix; il vient d'Europe, et ne coûte souvent pas si cher qu'à Paris, quoique la qualité ne laisse rien à désirer. Je comprends difficilement comment on peut livrer à si bon compte un objet exporté si loin. Batavia, qui est plus rapproché, paie assez cher le vin. Ici tout est à bas prix; on se nourrit généralement de riz à la place de pain. La viande de porc est la plus commune et une des plus recherchées, parce que le porc chinois est plus délicat que celui d'Europe; je puis en parler d'après une expérience journalière. Les fruits de Chine sont abondants, surtout la banane et l'orange; j'ai mangé de ce fruit si vanté, *li-tchi*, sa réputation me paraît bien méritée. Une espèce de figue rouge n'est point méprisable. Les confitures feraient certainement honneur à nos tables d'Europe. Voisins de Manille, nous sommes presqu'à la source du bon chocolat; malgré les ressources du pays, on aime bien recevoir quelque chose d'Europe. C'est, je vous l'assure, avec satisfaction que je mange quelquefois chez un Suisse un morceau de fromage de Gruyère. Je connais maintenant ces nids d'oiseau si recherchés des Chinois : le goût en est fade, s'il n'est relevé par quelque chose de piquant. Ce n'est pas moi qui prodiguerais mon argent pour un mets si peu appétissant. Au reste, n'entamons pas la dispute des goûts. La viande de buffle remplace celle de bœuf qui est plus rare ; pour un européen, elle est inférieure. Le poisson abonde; je serais embarrassé d'en déterminer la qualité, quoique depuis un mois ce soit mon aliment quotidien. Le thé de Chine est connu ; il est d'un usage assez fréquent, surtout le soir. Le lait est rare, je ne puis spécifier son goût. Je n'ai pas à parler des animaux et des plantes, mon île ne m'offre rien de tout cela. Quoique Macao, par son peu d'étendue, soit une vraie prison, MM. les Anglais, après leurs affaires terminées, y accourent comme à une maison de campagne. C'en est une, en effet, pour des gens confinés à Canton dans un étroit quartier, et comme encasernés dans leurs factories. Ici on a au moins l'agrément de pouvoir faire une petite promenade, ce qui est bien précieux. On est cependant bien loin d'y admirer les beautés de la campagne ; c'est un terrain aride, hérissé de rochers ; à peine trouve-t-on un arbre pour se défendre à son ombre des chaleurs de l'été. L'hiver, par un phénomène assez singulier, y est piquant, sans neige pourtant, tandis que l'été est brûlant. Ces extrêmes s'observent aussi à Pekin, à un degré bien supérieur. Un capitaine de vaisseau qui a parcouru toutes les contrées, m'assure n'avoir jamais rencontré de pays qui, situé comme Macao, présentât une irrégularité aussi frappante dans les saisons. L'air ne laisse pas d'y être très-salubre, et l'eau fort saine. J'aime assez sa température ; ce séjour pourrait agréer à de plus difficiles que moi. Au premier abord, cette langue de terre m'avait paru un lieu d'exil ; aujourd'hui je m'y plais comme à Paris. La vue, il est vrai, n'apperçoit à l'entour que des îles toutes plus arides les unes que les autres : une cependant se distingue par un peu de verdure, et porte pour cela le nom peu mérité d'*île verte*. C'était autrefois la maison de campagne des Jésuites, dont la métropole de la province du Japon était à Macao ; aujourd'hui c'est celle des Lazaristes ; leurs élèves y passent le mercredi ; j'y suis allé plusieurs fois tirer à la cible. En entrant à Macao, on apperçoit la rade ; et en doublant la pointe de l'île, on se trouve dans le port qui est à l'opposite. Il est sûr, mais l'entrée en est quelquefois difficile pour les bâtiments qui calent beaucoup d'eau, ce qui oblige ou à attendre la crue des eaux, ou à alléger le navire par un déchargement partiel : les seuls vaisseaux portugais et espagnols de Manille sont reçus ; les autres vont à Canton où se fait tout le commerce, mais où le droit de commerce est exhorbitant. Plusieurs, pour éluder une gabelle que jamais marchand ne voit de bon œil, ailleurs comme ici, s'arrêtent entre les îles, et la déchargent sur des bateaux chinois. Ce système est surtout celui des porteurs d'*opium*, qui ont rendez-vous à Leintin. Ensuite des bateaux chinois très-légers, ayant chacun jusqu'à vingt ou trente rameurs, introduisent cette contrebande, souvent au su et vu des mandarins gagnés, ou incapables de rivaliser de vélocité avec ces contrebandiers. Les mandarins sont les premiers à fumer l'opium, et ont conséquemment intérêt à ne pas en entraver la circulation, aussi parvient-il jusqu'à Pékin. Un présent d'opium doit obtenir facilement un passe-avant pour quantité de caisses.

Le commerce de l'Europe avec la Chine est presque exclusivement dans les mains de la compagnie anglaise des Indes. Les Américains, aujourd'hui si avancés en navigation, s'y distinguent aussi. La Hollande y entre pour quelque chose; la France est presque nulle. Nous avons actuellement un consul français, résidant à Canton. Le port de Canton, au Midi de l'empire, est le centre du commerce. Les consuls, quoique non reconnus du gouvernement chinois, arborent pavillon moyennant un droit. Espérons que le pavillon blanc y flottera bientôt, au grand contentement des Chinois qui n'ont pas oublié l'ancienne compagnie française. Un vieux marchand chinois m'assomme de son jargon toutes les fois que je passe devant sa boutique; il avait appris autrefois à écorcher quelques mots français. Ce sont quelques riches particuliers chinois qui, moyennant de forts droits et de nombreux présents aux mandarins, ont tout le commerce. Leur fortune est immense. La branche la plus lucrative pour les Européens, c'est l'opium. Il s'en vend annuellement, me dit-on, pour près de cent millions. En échange on charge de thé d'énormes vaisseaux; autrement dit, on porte la mort en Chine (ceux, s'entend, qui font le commerce d'opium), et on en rapporte la boîte de Pandore. C'est l'expression du docte Tissot sur l'usage immodéré du thé. Je n'oserais pourtant proclamer cette règle d'hygiène devant

MM. les Anglais et les Hollandais. L'humeur sombre qu'ils puisent dans leurs théières pleines d'eau chaude et de feuilles d'arbre, m'exposerait à une dure répartie. Contentons-nous de flétrir l'immoral commerce d'opium. Les lois de Chine, de concert avec la raison, repoussent le fatal poison présenté par la main des Européens soit disant chrétiens; instruisez-vous de la morale à l'école des idolâtres! Mais non, l'insatiable cupidité légitime tout ; aussi le proverbe dit-il : *Le commerçant laisse sa conscience au-delà du cap de Bonne-Espérance.* Disons vrai, le S. siége n'a pas encore prononcé sur cette matière; mais du moins la législation chinoise est formelle, et oblige l'européen marchand comme le sujet. La seule monnaie courante, ce sont les piastres d'Espagne. Plusieurs personnes, possédées de l'ambition d'une prompte fortune, s'acheminent dans ces pays lointains, sûres qu'il suffit de se montrer pour recueillir l'or à pleines mains ; elles ne tardent pas à avouer qu'elles ont bâti des châteaux en Espagne, et s'en retournent, convaincues que les pierres sont dures partout, et bien résolues à profiter d'une expérience si instructive. J'en ai connu deux qui s'en sont bien mordu les pouces. Il est vrai que d'autres sont plus heureux. Un simple horloger, habile dans sa partie, s'est fait, dans peu d'années, une fortune très-honnête. Je m'écarte, parlons d'un commerce plus noble et plus lucratif. Ma position me procure la facilité de donner un aperçu général des missions de Chine, que probablement vous parcourrez avec intérêt; je le présente en forme de tableau. S'il est consolant de voir des chrétiens sur toute la surface de la Chine, il est bien douloureux de considérer ce petit nombre d'élus comparé à des millions, je pourrais dire à des centaines de millions d'idolâtres qui peuplent cet empire. C'est surtout affligeant de voir qu'aujourd'hui les chrétiens ne sont plus si nombreux qu'autrefois. On sait qu'ils s'étaient élevés jusqu'à un million au commencement du 18e siècle. Depuis, les persécutions qui ordinairement servent à l'accroissement de la religion, ont, par un effet contraire, écarté le mauvais grain, sans multiplier le bon, quoiqu'elles l'aient purifié. Quand viendra donc le temps des miséricordes du Seigneur sur cette terre stérile ? Que de torrent de sueur le pauvre missionnaire versera encore avant d'arriver au point où en était S. Grégoire à sa mort, lorsqu'il disait : à mon entrée au Néocésarée : j'y ai trouvé dix-sept chrétiens, et je n'y laisse que dix-sept infidelles ! Un thaumaturge réuni au sang des martyrs ne serait pas de trop pour opérer ce prodige.

Si néanmoins aujourd'hui on ne recueille pas au centuple, on ne laisse pas de moissonner dans la joie.

ÉTAT DES MISSIONS DE CHINE, EN 1835.

MISSIONS.	ÉVÊQUES.	MIS.res	PRÊT.s	CHRÉT.s	NATIONS.	DES MISSIONNAIRES.
1.º MACAO. Prov. Canton, Quangsi, Île d'Hainan.	1 Titulaire		3	7,900	Portugais.	Les trois premiers évêchés à la nomination du Portugal dépendent de l'archevêque de Goa dans l'Inde ; mais les trois autres de la congrégation de la Propagande. — C'est au Su-Tchuen que la religion est le plus florissante. — Pekin a 5 à 6,000 chrét. — Macao a peu près autant, mais c'est la colonie. — L'évêque nommé de Pekin est à Macao, sans bulles. — L'évêque de Nankin est à Pekin. — L'évêque de Macao est mort, mais sera remplacé.
2.º PEKIN. Prov. Pecheli, Chanton et Tartarie orient.	1 Élu.		20	40,000	Lazaristes Portugais.	
3.º NANKIN. Prov. Hian-Nan et Ho-nang.	1 Titulaire		10	40,000	Lazaristes Portugais.	
4.º SU-TCHUEN. Pr. Su-Tchuen, Yun-Nan, Quonci-Tch.	1 Vic. Ap. 1 Coadjut.	5	50	50,000	Prêtres Français.	
5.º FOKIEN. Prov. Fokien, Chekian, Kiansi, île Formos.	1 Vic. Ap. 1 Coadjut.	2	12	30,000	Dominicains Espagnols.	
6.º CHANSI. Prov. Chansi, Chensi, Kansiu, Houquang et Tartarie occid.	1 Vic. Ap. 1 Coadjut.	2	20	35,000	Franciscains Italiens.	
TOTAL				200,000 environ.		

On ignore si l'Empereur accueillera de nouveaux Missionnaires à Pekin, comme mathématiciens. L'évêque nommé de Pekin ne peut rentrer, et l'évêque de Nankin n'est souffert

ÉTAT DES MISSIONS

DU SÉMINAIRE DES MISSIONS ÉTRANGÈRES, A PARIS, EN 1835.

MISSIONS.	ÉVÊQ.s	MIS.res	PRÊT.s	CHRÉT.s	COLLÉG.	OBSERVATIONS.
1.º CHINE........	2	5	70	80,000	2	Le Séminaire de Paris occupe 6 Prêtres, dont plusieurs infirmes. Le collége chinois de Pulo-Pinang, près de Malaca, occupe 2 Missionnaires dépendants de Siam. Notre société se compose aujourd'hui de 43 membres. NOTA. Cet état et celui des missions de Chine ne sont qu'approximatifs.
2.º TONKIN occid.	2	6	85	200,000	2	
3.º COCHINCHINE..	1	6	50	100,000	2	
4.º SIAM........	2	3	5	5,000	1	
5.º INDE........	1	7	7	50,000	1	
6.º MACAO.......		2				
Procure........						
TOTAL.......	8	31	157	400,000	8	

NOTA. Il n'est question ici que du Tonkin occidental; l'oriental dépend des Dominicains d'Espagne, et renferme aussi près de 200,000 Chrétiens.

Nous n'avons d'étrangers dans nos missions que 2 Italiens, l'un en Cochinchine, et l'autre vieillard, au collége de Pulo-Pinang.

Le Tonkin, depuis longtemps, est la perle des nos missions.

Je place, comme vous voyez, à la suite du tableau des missions de Chine, celui des missions de notre société; il en est une suite, ces missions étant voisines de la Chine. On remarquera sans peine que, quoique les missions de notre corps soient dans la pénurie, ce sont pourtant les plus soignées, grâce à la charité des pieux Français et au zèle du clergé de France. Je voudrais pouvoir spécifier le nombre des conversions annuelles; mais, outre que la grâce n'est point limitée, les circonstances des temps, des lieux et des personnes mettent une différence que je ne puis atteindre. Tout ce qu'on peut dire, c'est que chaque année plusieurs centaines d'adultes reçoivent le baptême. Il est fâcheux que le petit nombre d'ouvriers suffisant à peine pour les domestiques de la foi, dispersés dans une grande étendue de pays, limite leur zèle pour la conversion des idolâtres. Je n'en doute pas, si l'on était de nouveaux S. François-Xavier, la tâche ne surpasserait pas les forces ; mais chacun a son don : *alius quidem sic, alius verò sic.* Qu'on ne s'y trompe pas, la conversion est une affaire de patience, elle coûte souvent plus au missionnaire qu'on ne se le figure ; comme autrefois, pour moissonner dans la joie, il faut avoir semé dans la tristesse. Il est des temps heureux où le succès surpasse les espérances, comme il en est où le travail ne rapporte que faiblement. Un missionnaire qui a planté et arrosé se repose de l'accroissement sur le Seigneur. Son mérite n'est ni diminué ni augmenté par le succès, et c'est en ceci surtout qu'est avantageux notre commerce, car le centuple est infaillible, tandis que le gain du négoce dépend de la réussite. Au reste, fallut-il même ne recueillir pour soi qu'à proportion de l'utilité de son ministère, un missionnaire aujourd'hui aurait encore bien de quoi se féliciter ! Que de bien la grâce n'opère-t-elle pas par lui !

Notre mission du Su-Tchuen en Chine prospère. Je viens de voir les courriers de cette mission ; leur ferveur et leur dévouement inspirent l'intérêt; ce sont des néophytes de 40 à 50 ans, qui bravent les dangers des fleuves et des hommes pour le service de la religion. Cette fonction indispensable pour la communication avec les Missionnaires est vraiment périlleuse. Une lettre européenne, un objet de religion, suffirait pour les exposer à de rudes tourments et à la mort même. Ils sont Chétiens depuis quelques années seulement. Un a été employé à baptiser les enfants en danger de mort ; un autre a accompagné en Tartarie les chrétiens exilés ; un troisième, bien bon homme, a été au service d'un généralissime à Pekin. Je ne saurais vous dire combien leur compagnie me charmaît; ils ont amené trois élèves pour le collége de Pinang, près de la presqu'île de Malaca, où nous les envoyons, par la difficulté de rassembler un grand nombre de jeunes gens sous les yeux des mandarins. J'ai été édifié de la piété et du courage de ces chers enfants; comment ne pas s'attacher à eux? Dans un âge tendre, néophytes dans la foi, ils quittent leurs parents; s'exilent pour une dizaine d'années, courent pendant environ 1,000 lieues les périls des fleuves, des mers, et surtout des hommes; s'acclimatent à une région brûlante, quoique nés dans un pays de neige; se livrent à des études pénibles pour se sacrifier ensuite, malgré les persécutions, au salut de leurs concitoyens, etc. Plus d'une fois des larmes involontaires ont coulé de mes yeux, en considérant l'héroïsme surnaturel de ces petits chinois. Quel exemple pour les prêtres que la pusillanimité rend infidelles à leur vocation! Notre sacrifice n'est-il pas en quelque sorte effacé par le dévouement de ces tendres enfants? Le croirait-on, ces jeunes gens de dix-sept ans, qui n'ont encore que deux années d'étude, pendant lesquelles il leur a fallu apprendre à lire et à écrire nos caractères, conversaient déjà avec moi en latin avec une certaine aisance qu'on trouverait à peine chez nous dans les élèves des classes supérieures. Ils viennent de s'embarquer pour le collége ; nous les déguisons en européens pour les soustraire à l'autorité des mandarins et aux questions insidieuses des chinois passagers sur le même bâtiment. Leur nouvelle attitude portait compassion ; c'était des caricatures parfaites, tandis qu'auparavant, en habit oriental, ils avaient très-bonne grâce. Les pauvres enfants ne savaient trop comment enfiler nos habits ; j'ai du leur tenir lieu de mère ; n'importe, ils riaient avec nous de cette métamorphose. Un se trouvait si désorienté, qu'il se présenta à la chapelle (c'est du reste la coutume en Chine) le chapeau sur la tête ; il avait quelque chose de si singulier dans son air, que nous ne pûmes maîtriser l'envie de rire. J'ai vu aussi, et plus longtemps, trois anciens élèves du collége : ils ont fini leurs études théologiques et s'en retournent ; ils ne sont pas encore ecclésiastiques. Le latin leur est aussi familier qu'à nous le français, par la bonne habitude qu'on les force à contracter d'abandonner leur langue. Un même seulement, âgé de vingt-quatre ans (les autres ont près de trente ans), sait un peu de grec, et possède très-bien le français ; mais défaut d'exercice, il ne le parlerait que difficilement. J'espère qu'ils deviendront d'excellents prêtres. Je n'avais de plaisir qu'à être avec eux, et à causer ensemble de leur pays ; l'attachement que j'avais pour ces chers élèves m'a rendu la séparation aussi douloureuse peut-être que celle avec l'objet de mes affections les plus naturelles. Ma langue était liée pour leur dire adieu, tant mon cœur était ému. Ils sont partis il y a deux mois dans la compagnie des courriers, et seront environ quatre mois à remonter le fleuve que ceux-ci ont descendu en deux mois. L'argent destiné à la mission ne se transporte qu'en valeur. Les courriers achètent des marchandises à Canton, qu'ils revendent à leur arrivée. Ce n'est point calcul d'intérêt ; c'est une ruse qui les fait passer pour marchands, et leur donne plus de facilité de cacher les objets prohibés. Le transport du vin, moyennant les droits, ne souffre point de difficulté. Les lettres, livres et objets de religion, voilà ce qui embarrasse. Cette contrebande, toute périlleuse qu'elle est, a lieu chaque année par les différentes missions de Chine. On choisit pour cela les moins timides des Chinois, et les plus zélés. Un des nôtres, homme robuste, m'assurait qu'il ne craindrait pas de se mesurer avec un satellite. Ces bons Chrétiens ont une avidité inconcevable d'objets de piété ; mes petites provisions en ont souffert, ainsi que celles de mes confrères. A l'arrivée des courriers, nous avons appris le retour d'un de nos prêtres chinois exilé en Tartarie. Il doit sa grâce à la fidélité qu'il a montrée dans une révolte. Malheureusement, un autre prêtre vient d'être saisi et traduit devant les premiers mandarins. Des satellites, à la recherche de certains rebelles, conçurent des soupçons à la vue d'habits sacerdotaux. L'issue est incertaine. L'argent, mobile si puissant sur les Chinois, ne pourra peut-être pas l'arracher à sa critique situation, parce que l'affaire est déférée aux premiers tribunaux : dans ce cas l'exil serait sa plus grande grâce. Ce qu'on a le plus à redouter, ce sont les faux frères ; initiés à tout, ils peuvent mieux que personne réussir à nous perdre. Deux prêtres chinois viennent d'être ainsi trahis à Macao par un chrétien hypocrite ; leur rançon a coûté une centaine de piastres à leurs supérieurs, les Lazaristes portugais. Ces misérables satellites parlaient de 10,000 fr. ; mais ils ont lâché leur proie à vil prix, préférant cette somme à l'honneur d'offrir leur capture au mandarin. On ne s'étonnera pas si sur le nombre des chrétiens il y a quelques traîtres ; que d'autres s'immoleraient pour leurs pères spirituels.

Si la girafe a causé une si vive sensation en France, je présume que l'arrivée de quatre jeunes chinois n'aura pas moins excité la curiosité. Je les ai vus ici avant leur départ; ils sont envoyés par M. Lamiot, missionnaire français lazariste, qui, chassé de la Chine, s'est retiré à Macao, où il prend soin de quelques jeunes gens destinés à l'état ecclésiastique pour le service des missions. Il en avait onze lorsqu'il a fait son envoi. Il continue à prendre soin des autres; mais son grand âge va le forcer à se décharger de cette école s'il ne lui vient pas de renfort. Ce sont probablement ces raisons qui l'ont déterminé à envoyer ces élèves en France, dans une maison de sa congrégation. Ce sont de grandes dépenses; espérons que le succès de cette entreprise dédommagera. La présence de ces chinois ne peut qu'être utile aux missions, en appelant l'attention des âmes charitables et en excitant le zèle des ecclésiastiques. Notre mission de Chine emploie un moyen à peu près semblable pour l'éducation des jeunes gens, vu la difficulté de former des colléges dans un pays persécuteur. On les envoie, non en Europe comme les Italiens, mais dans une île près de Malaca, Pulo-Pinang. Ce collége est général pour toutes nos missions, et peut être d'une grande ressource au temps de malheur; mais jusqu'ici le Su-Tchuen y a seul ses élèves, quoique son éloignement ne favorise pas cette mission. Les élèves de Pekin sont à Macao, chez les Lazaristes. Notre établissement se distingue surtout par son zèle à multiplier les prêtres indigènes. Dirigés par les Européens, ils rendent de grands services, surtout dans les persécutions, temps où les Missionnaires ne peuvent se montrer. Aussi le S. siège dit-il formellement à nos premiers vicaires apostoliques, *qu'il apprendrait avec plus de plaisir l'ordination d'un seul prêtre national que la conversion d'un millier d'infidelles.* Quoique la Chine présente de graves obstacles à l'érection de nos colléges, cependant on a pu rassembler 15 à 20 élèves dans le Su-Tchuen. C'est là qu'on initie aux études ceux qui viennent à Pinang. C'est une sage mesure pour s'assurer de la vocation des jeunes gens qu'on risquerait autrement d'envoyer avec de grandes dépenses pour être ensuite rendus à leurs familles. Il est à désirer que cet établissement se perpétue. C'est un prêtre chinois qui en a la direction jusqu'à l'arrivée des confrères destinés pour cette mission.

Je commence mon récit sur le peuple Chinois par la relation d'un événement qui intéresse la France comme il a occupé la Chine. Le vaisseau, le *navigateur* de Bordeaux, parti en 1827, ayant à son bord quatre de nos Missionnaires (et un franciscain italien actuellement à Macao), toucha sur un rocher entre Batavia et Manille. Cet accident, très périlleux en lui-même, n'eut pas grande suite ; le mal, à ce qu'il paraît, fut qu'un vent contraire le poussa vers la Cochinchine. Arrivé là, le capitaine songea à réparer l'avarie. Le défaut de facilité contraignit à se défaire d'un vaisseau devenu inutile et des marchandises ; ce fut à vil prix. Enfin, après un long séjour en Cochinchine, le capitaine s'embarqua avec son équipage sur une somme chinoise allant à Canton. Il avait pris avec lui son argent et le reste des marchandises les plus précieuses. Ce fut une tentation pour les Chinois ; ils massacrèrent nos compatriotes ; un seul que j'ai vu ici s'échappa à la nage. Rendu à Macao, ce matelot a dénoncé l'affaire au gouvernement portugais, qui aussitôt a informé les mandarins de la province. On ne peut qu'applaudir à l'empressement du vice-roi. Ayant donné des ordres sévères, il fit saisir les assassins déjà entrés au port. L'affaire se passait à peu près en juin 1828. On instruisit leur procès. D'environ soixante hommes à bord de la somme, quarante-sept furent convaincus du crime et les autres relâchés. Parmi les coupables, vingt-sept furent condamnés à l'exil et vingt à être décapités. Les criminels, jugés dans leur province du Fokien, furent conduits à Canton pour rendre les européens témoins de la justice qu'on allait exercer. Un des premiers mandarins tient une séance où les seuls européens furent admis. Là se fit la reconnaissance des individus par le matelot sauvé. Un innocent dut sa grâce à cette heureuse circonstance. Le matelot attesta qu'il avait averti les Français du complot; il a eu pourtant peine d'obtenir sa liberté, ayant avoué précédemment avoir tué un français; aveu qui en Chine est décisif. (La chose peut être vraie, le matelot n'a pu répondre que des actes passés sous ses yeux et non des subséquents à son évasion.) Le mandarin non compétent pour casser un arrêt de mort confirmé par l'Empereur, s'est contenté de le suspendre. Plus tard l'innocent a été déchargé de ses chaines. C'est le 30 janvier dernier qu'a eu lieu l'exécution. Il n'y eut que dix-sept exécutés; deux condamnés, dit-on, avaient été prévenus par la mort. Un a dû être haché en vingt-quatre morceaux; il se vantait, dit-on, d'avoir tué trois français. Un témoin de ce sanglant spectacle en fut vivement frappé. Notre honneur semblait assez réparé, néanmoins il y a eu ordre de transporter à Macao les têtes de ces meurtriers; elles y sont demeurées exposées sur des pieux, enfermées dans de petites cages jusqu'à putréfaction; j'en suis témoin oculaire. L'usage en Chine est de n'exécuter qu'en automne; mais l'empereur ayant jugé ce crime exécrable, a voulu une prompte justice. Qui n'admirera ici la sage équité de la nation chinoise? L'Europe chrétienne eut-elle vengé en pareil cas les droits des Chinois avec plus d'éclat? Ce n'est pas tout, les marchandises sauvées sont livrées au consul français. On a même, je crois, consulté l'Empereur sur la compensation des pertes, chose bien difficile n'ayant point de preuve des valeurs à bord. Les Européens, surtout les Anglais, ont ouvert une souscription; elle a produit, dit-on, 7,500 fr. Une partie est pour le chinois innocent, dépouillé de ses biens par la sentence de mort, et l'autre est pour le matelot sauvé; celui-ci a de plus passage sur un vaisseau de la compagnie anglaise. Si l'on doit des éloges aux Anglais, on en doit aussi au zèle des autorités portugaises de Macao, qui, par leur position, ont le plus influé sur la conclusion de cette affaire. Le cousul français, après sa nomination, n'a rien négligé non plus pour venger l'honneur français. Lui-même, plus à portée que moi, fournira des documents plus amples et plus justes.

Qu'on ne s'imagine pas à la nouvelle du massacre de nos compatriotes que le chinois soit sanguinaire. Le caractère de ce peuple est doux; seulement aveuglé par la cupidité, sa passion dominante avec l'orgueil, il se porte quelquefois à des excès : une circonstance même du fait le démontre. Le capitaine, révolté par un si noir attentat que le massacre de quatorze hommes, (treize périrent), préféra être lui-même victime que de s'y prêter ; il fut précipité dans la mer. Pareille conduite trouverait-elle chez nous beaucoup d'imitateurs ? J'en doute fort, surtout quand il s'agit d'une classe qui se pique peu d'honneur, et encore moins de religion. Ce ne serait pas assez d'avoir admiré l'amour des Chinois pour la justice, admirons aussi la conduite de la Providence sur les missionnaires qui, comme il est passé en proverbe, *en sont les enfants gâtés*. Des cinq missionnaires, trois se trouvaient par le fait rendus en mission. Néanmoins, l'entrée de la Cochinchine leur étant interdite, ils devaient, pour la sûreté du capitaine, être reproduits à son départ. On délibéra si l'on suivrait le capitaine ou si l'on monterait un vaisseau portugais près de faire voile pour Macao. La veille du départ on était encore incertain, mais détournés par les chrétiens qui se défiaient des Chinois, les missionnaires s'accordèrent à différer. C'est d'autant plus admirable, que l'intérêt des missionnaires était d'accompagner le capitaine obligé à payer le passage. Grâce à cette inspiration, ils ont échappé ainsi que quelques passagers espagnols à une mort certaine. En s'embarquant, ils convinrent qu'une barque chrétienne viendrait enlever les trois missionnaires destinés pour la Cochinchine et le Tonkin. Cela s'exécuta de nuit ; un confrère malade fut descendu dans la barque avec des cordes ; alors les deux destinés pour la Chine, dont l'un est italien, continuèrent leur navigation, et arrivèrent heureusement à Macao. Lors de notre débarquement, je fus bien étonné de reconnaître M. Chastan, parti un an avant moi. Avec quel plaisir nous nous embrassâmes et entendîmes le récit de ses aventures. Le matelot sauvé était aussi venu à notre rencontre pour faire part de son bonheur. Celui qui fut le plus satisfait, ce fut notre procureur qui ne voyant pas arriver les missionnaires annoncés, les croyait au fond de la mer. La même frayeur s'est renouvelée pour nous. Informé par un vaisseau parti après nous, et par la lettre que nous lui avions adressée de Batavia, que nous allions à Macao, et désespéré du retard, il avait déjà fait son sacrifice. Il ne faut pas s'effrayer si facilement; aucun des missionnaires de notre société existante depuis près de 170 ans, et comptant trois cent deux missionnaires, n'a encore fait naufrage. Il n'y en a qu'un dont les destinées soient incertaines : un second, appuyant le capitaine contre l'équipage, fut noyé avec lui ; mais ceci se passait dans le lieu de sa mission, où il faut s'attendre à tout. Il n'en est pas moins mort, à la vérité.

Je n'essayerai pas de peindre le chinois dans son moral, c'est un être inconnu pour moi ; si je voulais parler d'après mon expérience à Macao, je ressemblerais assez à un étranger qui, arrivé à l'île de Corse, y composerait le tableau des mœurs françaises. Je peux dire que les chinois de Macao sont fripons, surtout avec les étrangers qui souvent, je pense, ne les payent pas mal de retour. Plusieurs vous surferont la chose, comme chez nous les juifs. Surpris dans leurs tromperies, ils n'auront pas l'air embarrassés ; leurs excuses sont toutes prêtes : un, comptant avec notre procureur, avait enfilé une piastre dans la manche ; découvert, il ne se déconcerta pas. C'est une vilaine engeance sous le rapport de la duplicité et de l'injustice. Il en est pourtant d'aussi francs et équitables que nos marchands les plus honnêtes. Cette mauvaise qualité d'être double et injuste semble être un vice général. L'injustice a son principe dans cette soif de l'or qui tourmente tout chinois. Un chinois désintéressé est bien rare. L'orgueil, le dédain pour les étrangers qu'ils qualifient de *diables blancs* et de *barbares*, sont très-sensibles dans les Chinois. Au reste, les Européens ne sont pas les moins dédaigneux pour les étrangers. Tels sont les principaux traits apperçus dans les chinois au milieu desquels j'ai vécu : si j'en jugeais d'après l'opinion conçue à Macao, le caractère chinois serait loin de me plaire; mais ceux des provinces que j'ai vues m'ont agréé d'avantage et m'ont paru très-susceptibles d'affection, quoique toujours ils laissent à désirer.

La figure chinoise a été peinte si souvent, que je puis me dispenser de m'y arrêter. J'observerai que la couleur varie en Chine : les habitants du Nord sont nécessairement plus blancs que ceux-ci, mais en général ce blanc est bien sale, sans coloris ni vivacité. Les yeux et les cheveux sont noirs ; le nez est assez épaté. Cette figure n'a pas beaucoup d'agrément pour un européen ; quelques jeunes sont un peu plus aimables. La femme a le teint plus délicat ; mais elle perd bientôt les grâces de la jeunesse ; ces jeunes ridées font peur. Le Chinois ouvre à peine ses yeux de cochon. Quoique beaucoup de chinois portent la barbe, ils n'en sont pas plus respectables ; les poils en sont semés clair, encore n'en n'ont-ils qu'au menton. Plusieurs laissent croitre leurs ongles, ils jugent cela plus noble. La chose la plus singulière dans l'homme, c'est d'être rasé entièrement, à l'exception du sommet de la tête d'où pend une queue de cheveux tressés, assez longue par fois ; j'en ai vues qui touchaient terre, mais la plupart n'ont que deux pieds. Cette coutume n'est point ancienne en Chine ; ce sont les Tartares qui, en soumettant le pays, ont introduit cette bizarrerie qui a force de loi. La femme est remarquable par la petitesse de son pied ; à l'aide de compresses, elle conserve toute la vie les pieds d'un enfant. Ce joug, imposé peut-être par la jalousie ou le désir de réduire la femme à la retraite, n'est plus considéré comme tel : c'est une mode et le plus bel agrément du sexe. En conséquence, elle se soumet à toute la violence qu'exige le pied pour être réduit à ce volume ; elle s'ôte, de gaieté de cœur, la jouissance de marcher. On voit ces esclaves de la vanité se traîner plutôt que de marcher, appuyées sur leur parasol ou femme de suite. Heureusement, les mœurs du pays les retiennent à la maison d'où elles sortent rarement, et presque toujours en palanquin. Les femmes du commun sont par leur position contraintes à des sorties plus fréquentes, (beaucoup de celles-là n'ont pas les petits pieds); plusieurs ici sont même batelières. Dans les marchés et boutiques on n'apperçoit jamais une femme ; l'homme est chargé de cette partie, et celle-là de l'intérieur du ménage. La taille chinoise me paraît un peu au-dessus de l'idée qu'on en a, d'autant plus qu'on rencontre assez fréquemment de beaux hommes; ce qui contribue peut-être à les faire paraitre plus petits, c'est qu'ils n'ont pas comme nous un chapeau qui menace le ciel. Le défaut de la taille est plus sensible dans les femmes chez qui elle est presque toujours la même.

Le vêtement, quant à la forme, est, dit-on, à peu près le même pour tous; cependant ici on se dispense volontiers de la robe pour ne porter qu'une demi-robe qui ne tombe qu'à mi-cuisses et même moins bas. Voici le costume reçu : l'habit principal est une longue robe fendue par devant, dont le pan gauche se replie sur le droit où il est fixé par quatre à cinq boutons ronds plus ou moins précieux, même d'or, selon la condition des personnes; les manches en sont larges et longues, et se rétrécissent près du poignet. Une ceinture, assez généralement, soutient l'habit, les extrémités tombent sur les genoux. Le pantalon est fort large, je me loge à l'aise dans un des canons; en hiver, on ajoute des cuisses collantes; souvent on relève le pantalon aux genoux, et alors il représente nos culottes. Les bas sont de toile blanche, piqués sous le pied et ne joignent pas comme les nôtres. La chemise est une demi-robe blanche, ou mieux on n'en porte pas, car ce vêtement assez souvent est le seul ou n'est porté que des gens aisés. Cependant je ne puis parler ici que de ce que j'ai vu à Macao. Le cou est nu, cependant en grande tenue on se sert de col de soie. Les pieds sont chaussés plus naturellement que chez nous, quoique la pointe du soulier, un peu relevée, blesse le novice. Les souliers ne sont pas de cuir, mais d'étoffe en-dessus et de papier préparé en-dessous. Les femmes mettent beaucoup d'élégance dans leurs petits souliers. La coiffure est, à la lettre, la calotte en soie ; on a des chapeaux de différentes formes : un en rotin semblable à un entonnoir, c'est celui des soldats et de l'été ; l'autre en laine ou en poil, avec la forme d'un bonnet dont les extrémités se releveraient, est d'un usage commun en hiver, on y attache du crin rouge par derrière, et on l'orne plus ou moins proprement. Les mandarins ont au-dessus de ce chapeau un bouton, en signe de leur dignité. A cet habit se joignent certains ornements accessoires, comme brodure dans le bas et devant la poitrine. La femme se rapproche de l'homme par le costume : outre le pantalon et la robe, elle a une jupe plus fine en dessous (1), ordi-

―――――――

(1) Je crois même que les mandarins ont une espèce de jupe.

nairement le bas est brodé. Sa tête la distingue facilement, elle conserve sa chevelure qu'elle fixe avec des aiguillettes communément d'argent. Cette tête me paraît plutôt faite pour les ornements que pour une coiffure, aussi les chinoises que j'ai vues étaient-elles découvertes et ornées de fleurs. Je n'en ai point vues qui portassent la ceinture, même les chinois d'ici la portent fort rarement. La femme fume le cigare avec autant de grâce que l'homme ; qui plus est, les demoiselles portugaises en font leurs délices. L'éventail est l'accompagnement nécessaire des Chinois : il est de papier ainsi que le parapluie. La pipe est un vrai bâton auquel pend la bourse à tabac. Le mouchoir, à défaut de poche, se glisse dans la manche. En hiver, on voit plusieurs chinois avec un surtout doublé de peau ou piqué de coton ; le manque de drap est ainsi suppléé. Ce surtout est même d'usage fréquent dans le grand ton, mais en été, il est léger ; sa forme est assez celle d'un camail un peu alongé avec de larges manches. Ainsi équipé, un chinois s'en croit plus que le premier monarque. Je vous assure que ce costume me plaît infiniment plus que le mesquin des Européens. Cette robe donne un air de grandeur difficile à rencontrer sous un habit à la française. La modestie dans l'un et l'autre sexe est très-rigoureuse. Je ne l'ignore pas, cette retenue n'empêche pas le chinois d'être profondément vicieux.

Les couleurs affectées par les réglements au peuple sont le noir ou le bleu, et le blanc pour le deuil. Le violet appartient aux mandarins, cependant je ne vois pas qu'ici les simples particuliers s'en fassent scrupule, surtout dans les grandes occasions : les grands mandarins, dit-on, ont le rouge dans leurs cérémonies. L'empereur et les princes du sang ont seuls droit au jaune. Les femmes ont plus de latitude que les hommes.

La matière ordinaire est la toile de coton; chez les riches, c'est la soie. La loi descend dans d'assez minutieux détails à ce sujet.

Comme partout, le plus ou moins d'élégance dépend de la fortune. Tandisque le fier mandarin éclatera d'or, le pauvre ouvrier se couvrira d'un morceau de toile. Les portraits envoyés représenteront mieux le luxe chinois que je ne pourrais le faire. Qu'on ne s'y trompe pas, tout n'est pas éblouissant en Chine; le peuple, encore une fois, est toujours très-modeste; ce n'est pas sa faute, il a assez de goût pour un bel habit. La femme, quoique recluse, se pare chaque jour comme une courtisane. J'observerai que toutes les caricatures chinoises qu'on voit en France s'éloignent de la vérité. On a peut-être pris ce dessin sur des peintures chinoises qui réellement par fois sont fort grotesques et n'ont rien de juste.

Je viens d'être témoin du renouvellement de l'année chinoise, qui est lunaire. Elle tombait le 4 février; c'est la plus grande fête : elle dure de nécessité trois ou quatre ou même huit jours, mais les gens aisés la prolongent volontiers quinze jours ou un mois. Tout est interrompu; on n'est occupé que de visites, festins, jeux, spectacles, etc... Je n'ai rien vu ici de bien remarquable : seulement on a lancé des millions de pétards (genre de réjouissance fort commun), et fortement frappé des cimbales. Les barques de pêcheurs des environs s'étaient réunies à Macao, et formaient presqu'une ville flottante. Les illuminations n'étaient pas épargnées.

Depuis mon arrivée j'ai été plusieurs fois récréé et tout à la fois contristé par le spectacle des processions idolâtres. On venait de construire une pagode ou plutôt d'en relever une ancienne : la dédicace en a été solennisée avec octave par de fréquentes processions; chaque état avait la sienne; on y étale, bien entendu, tout ce qu'on a de plus brillant : les bannières, drapeaux, enseignes, etc. ne manquent pas. On porte sur des brancards et dans des niches dorées les offrandes; vous voyez des cochons en-tiers rôtis, des chèvres, des volailles, différents mets argentés ou dorés, des fruits, du bois précieux, etc. Un nombreux cortége entoure ces viandes immolées. Ces dévots pourtant me paraissent plus attentifs à étaler leurs riches habits qu'à honorer leurs divinités par des prières. La musique est nombreuse et bruyante. Je n'essaierai pas de dépeindre leur orchestre, encore moins de raisonner sur l'excellence de la musique; un musicien d'Europe y perderait sa réthorique; je ne puis la définir qu'un effroyable tintamarre; nos élèves m'assuraient néanmoins qu'elle leur plaisait beaucoup plus que la nôtre. Comment expliquer ces contradictions qu'en avouant la force de l'habitude et le sot préjugé de n'aimer que ce qui est conforme à notre éducation? Il ne se passe rien que de grave dans ces processions; mais tout n'est qu'ostentation, à mon avis. Le Chinois est naturellement grave; les femmes n'y paraissent pas. Je n'ai point aperçu d'idoles, mais en revanche, j'en ai vu de vivantes : c'était des filles richement parées qu'on portait en triomphe, quoique modestement habillées, selon les mœurs chinoises; leur air effronté m'offusquait, et plus encore les Chinois, chez qui la femme ne se montre point en public. On voyait aussi des enfants en habit mandarin montés sur des chevaux. Plus loin,

c'était un petit garçon et une fille qui, soutenus en
l'air par des ressorts cachés, attiraient la curiosité
des spectateurs. Ces puérilités démontrent bien le
vide de tous ces signes extérieurs de religion, et dé-
cèlent peut-être une foi bien faible en leurs divinités.
Les Bonzes n'assistaient point à ces processions; je
les ai cependant vus dans une autre. Sur leur long
habit noir ils portaient simplement une écharpe de
soie rouge. Ils vivent en communauté, se prodi-
guent peu et gardent le célibat; on les distingue du
reste des Chinois un peu par leur bonnet, mais surtout par leur tête exactement rasée.

J'ai visité les pagodes, l'entrée en est facile; on
demeure couvert (au reste c'est une marque de respect en Chine); on cause, on rit, on fume, en un
mot, on a toute liberté, excepté celle de toucher.
Je n'y ai jamais vu d'adorateurs en prière. Il y a
trois temples principaux à Macao. Comme ceux des
anciens, ils sont construits dans des endroits retirés
et ombragés. Les édifices n'ont rien de grand : l'extérieur est relevé par différentes sculptures et figures
mythologiques assez bizarres. A en juger par celles
de Macao, les pagodes de Chine sont différents ora-
toires séparés, bien loin de représenter nos majes-
tueuses nefs d'église. Au reste, peut-être en existe-
t-il de vastes. L'intérieur est propre et bien orné.

Au fond de l'appartement se trouve la table de l'autel sur lequel brûlent des baguettes odoriférantes, des cierges, des lampes, quelquefois du bois précieux sur lequel sont placées des offrandes de fruits. Derrière est une niche dorée où sont exposées une ou plusieurs idoles. Ces statues sont de diverses matières plus ou moins précieuses, ordinairement dorées. Elles n'ont rien de ridicule dans leur forme qui varie pour la dimension et les attributs. Je ne craignais pas l'approche de ces dieux inanimés, je voulais les voir de près; on n'a jamais blâmé ma hardiesse. On passe d'appartement en appartement où chaque divinité a ses autels : au fond se trouve le couvent des bonzes. Une cloche est suspendue à cinq ou six pieds de terre; elle ne se sonne pas comme en Europe, on la frappe simplement. Une des grandes dévotions des Chinois est de brûler du papier-monnaie argenté ou doré. A la nouvelle et pleine lune, ils allument devant leurs boutiques deux grandes lanternes. Le 20 mars passé a eu lieu, entre huit et dix heures du soir, une éclipse de lune partielle. Nos Chinois, pendant tout le temps de l'éclipse, n'ont cessé de faire aller leur musique enragée. Ils prétendent par là délivrer la lune d'un dragon qui veut l'engloutir.

Le mariage se célèbre avec éclat et dure au moins

trois jours ; ce n'est que musique et festins. Notre voisin vient de nous ennuyer fortement; nuit et jour il fallait dévorer ce tintamarre ; je ne compte pas le bruit continuel des pétards.

Les funérailles, comme chez les anciens, sont accompagnées d'une musique lugubre. Le blanc est l'habit de deuil. Je ne vois point de prêtre à ces convois. Je vis dernièrement une pompe funèbre assez brillante, on aurait cru que c'etait une procession ; jamais je n'avais vu tant de chinoises dans la rue que cette fois. Deux pleureuses, dans l'attitude de la douleur, escortaient le corps ; les suivantes avaient sur la tête une pièce de toile grise qui les unissait (c'était peut-être les femmes du mari porté en terre). En passsant, on répand des papiers-monnaies. Je n'ai pas encore vu l'enterrement même. Les sépultures sont sur les élévations. Les tombeaux des riches sont grands et en forme de fer à cheval. On met une inscription sur la fosse.

La manière de saluer des chinois consiste à remuer devant sa poitrine ses mains jointes, et à incliner un peu la tête, en se disant *tsin-tsin*, expression qui désigne vaguement un vœu. Si c'est un supérieur qu'on salue, on élève ses mains jointes au-dessus du front, et on les abaisse jusqu'à terre en inclinant profondément le corps. Après une longue absence, les deux personnes tombent à genoux, s'inclinent ensuite et recommencent plusieurs fois cette cérémonie. Pour nous, prêtres, nos chrétiens se prosternent et nous baisent la main. C'est du moins la pratique de nos élèves, mais ce genre de salut est le solennel, ordinairement ils se comportent avec nous librement. S'informer de la santé est un usage aussi général ici que chez nous. Les Chinois ne manquent pas de politesse, dit-on, mais malgré cela, j'observe qu'ils ne se font nulle peine de séparer deux personnes qui se rencontrent sur le chemin, plutôt que de se détourner. Je crois leur politesse réglée sur l'intérêt, et même plusieurs marchands m'ont reçu bien froidement; ils paraissaient me faire une grâce en me vendant. Il y a au reste de braves gens partout, et c'est bien vrai, plusieurs chinois m'ont charmé.

J'ai été témoin des feux d'artifice chinois si vantés. Déjà à Batavia j'avais assisté, le jour de la fête du roi des Pays-Bas, à celui qui eut lieu à cette occasion; il était également l'ouvrage des chinois fixés dans le pays. Je fus étonné de la perfection avec laquelle ils l'exécutèrent, mais quoique fait par des chinois, il n'était point de leur goût, et imitait plutôt les nôtres. Celui que je viens de voir à Macao était plus nouveau pour moi, mais en revanche, je n'en ai pas été enchanté. Est-ce préjugé de ma part ou imperfection de l'ouvrage? Je ne puis m'en rapporter à mon sentiment. Voici la simple description : deux perches étaient disposées de manière à suspendre en l'air les machines d'artifice; celles-ci consistaient en de gros cylindres. Elevées en l'air, on y mettait le feu, et ces cylindres, à divers étages, se consumaient insensiblement. Des figures représentant différents personnages d'un pied ou de deux paraissaient sur la scène, et se renouvelaient à chaque étage. Eclairées par le feu d'artifice qui les entourait, ces figures faisaient divers mouvements, selon l'impulsion donnée; ordinairement c'était du tragique. C'était par exemple, une séance de justice où le mandarin, après avoir condamné le coupable, le faisait exécuter devant lui. Cette comédie n'avait nulle grâce, et les mouvements étaient si peu sensibles, que moi, en particulier, quoique je me misse à quatre pour les découvrir, je n'y voyais que tout bleu. Une scène passée était remplacée par une autre; et chaque cylindre pouvait en contenir cinq à six. Enfin un cylindre d'artifice consumé était remplacé par un autre; mais il fallait donner le temps de le suspendre. On en vit paraître successivement six. Quand à la beauté du feu, je n'y ai rien vu de grand. Des fusées s'élevaient en l'air comme chez nous. Je suis loin de conclure de cette faible esquisse des feux d'artifice chinois, que l'art n'en soit pas très-perfectionné dans ce pays; tout ce que je puis dire, c'est que cette comédie artificielle m'a beaucoup ennuyé, quoiqu'elle ait charmé les nombreux chinois présents. Des chinoises qui y assistaient avaient un lieu séparé.

Il arriva dernièrement à Macao des comédiens. On dressa une tente, et bientôt elle fut remplie. J'y voyais accourir les dames chinoises; les femmes ne paraissent pas sur la scène, me dit-on. La grande barque des comédiens était accompagnée d'un autre bateau; m'étant informé de son emploi, on me dit qu'il portait des prostituées, digne suite des comédiens. A Canton, ces déhontées n'ont d'autre gîte que les bateaux; on ne les souffre pas dans la ville. Quelle leçon pour les pays chrétiens!

Les baguettes envoyées vous feront connaître la fourchette chinoise; ils manient adroitement ces deux bâtonnets, ils remplacent même la cuillère dans bien des cas. Un étranger ne s'accommode guère de ces singuliers ustensiles; il y supplé dans les commencements en approchant l'écuelle de la bouche, comme beaucoup de chinois. La petite monnaie, dont vous recevrez douze pièces, sont des liards percés pour être enfilés en ligature. Il en faut environ 800 pour 5 francs; c'est la monnaie la plus usuelle. Pour les grands achats, on donne en place de monnaie frappée, des morceaux d'argent ou d'or. La division des pains nécessite de longs retardements, mais assure la bonté du métal. Pour peser, on ne s'en rapporte pas toujours à la balance de l'intéressé; on aime mieux se fier à la sienne, tant les Chinois sont défiants; ce n'est pas au reste sans raison, doubles poids et mesures ne sont pas rares ici : de là, la nécessité en allant au marché de se munir de sa balance, qui est la romaine. Une chose singulière, c'est la manière de compter ou calculer des Chinois. Ayant acheté, vous demandez au marchand le montant. Il prend une machine en bois où sont enfilés sur plusieurs lignes des grains ou boules, là, en les remuant avec une dextérité surprenante, il découvre le nombre demandé. On a remarqué qu'un chinois expert avait aussitôt fait une opération arithmétique par ce moyen qu'un européen avec la plume. Il est très-rare qu'un chinois se fie à sa mémoire qui est pourtant très-heureuse; il faut que tout passe par son bois. Il est vrai que son peu de pénétration et la crainte de se tromper à son désavantage semblent exiger ce calcul.

Le défaut de verrerie et de verre qu'on fait venir de l'étranger, met dans la nécessité de le remplacer dans les croisées par du papier ; ici pourtant on a une autre méthode : les coquilles d'huitres préparées et étendues, sont les carreaux de Macao; le jour pénètre moins facilement ; et d'ailleurs ce n'est point transparent ; les curieux ne voient sur la rue qu'en ouvrant la fenêtre. Plusieurs des maisons européennes à Macao sont ainsi enjolivées.

En Chine, un petit mandarin ne paraît pas en public sans être entouré de tout le faste oriental ; cette pédanterie ne serait guère de notre goût, mais ici le pauvre peuple que ces sangsues dévorent doit être encore plus révolté. On veut apparemment, par cet air habituel de majesté, habituer les Chinois à une crainte servile, et non à cet amour filial qu'on dit être le mobile de l'empire, ce dont je doute fort.

L'empire de Chine est souvent sur certains points troublé par des ennemis de la dynastie actuelle. Quand j'arrivai à Macao, on s'attendait à voir éclater une révolte. Quatre mille chinois étaient supposés devoir incendier Macao et poursuivre plus loin leurs désastres. La vigilance du gouvernement a rémédié à tout. On avait élevé aux coins des rues des corps de garde, nous avions le malheur d'en avoir un sous nos fenêtres. Le tintamarre de leur tambour sans cesse en mouvement ne me permettait pas de fermer l'œil ; heureusement l'habitude m'endurcit à ce tracas. C'est une manière assez plaisante d'écarter les incendiaires, direz-vous, que de frapper du tambour, ce serait en effet plus propre à favoriser leur dessein, puisque ce bruit général couvrirait le leur ; mais on n'en juge pas de même ici. On veut faire voir par là que la patrouille est vigilante, comme si c'était assez de savoir que quelques misérables soldats (si toutefois ce nom peut être appliqué à des lâches) veillent, pour que 4,000 incendiaires n'osent remuer. Il est difficile en Chine d'échapper à la justice, tant la police est sévère ; mais assez souvent gagnés par l'argent, les mandarins justifient tout. Les meilleures lois avec des êtres qui cherchent moins le bien public que l'intérêt particulier, deviennent inutiles. Des magistrats intègres feraient le bonheur de la Chine ; mais ils y sont bien rares. Le peuple, vexé par les petits mandarins, n'a souvent aucune ressource d'appel ; tant la difficulté de faire parvenir un placet aux mandarins supérieurs et surtout à la cour est grande. Ce ne sont que des présents considérables qui peuvent ouvrir les voies. M. Lamiot, ancien missionnaire de Pekin, me raconte même que les places au tribunal des mathématiques sont achetées. Pour y parvenir, il faut concourir, il est vrai ;

mais comment s'y prend-on ? Un des inspecteurs se charge de la composition qui est plus ou moins bien faite, selon la plus ou moins forte rétribution. Je suis loin d'appliquer ce cas particulier à une généralité, je veux seulement prouver que l'argent est ici plus qu'ailleurs le pivot sur lequel roule le monde. Les mathématiciens de Pekin n'en méritent pas le nom. Le Chinois, quoique doué d'une certaine subtilité, n'est point profond ; je crois qu'il entend mieux ses intérêts que les sciences qui, au reste, n'ont d'attrait pour lui qu'autant qu'elles servent ses intérêts. L'amour du vrai n'est pas un aiguillon pour lui, s'il ne lui promet de la célébrité ou de la fortune. On trouve cependant des âmes vraiment grandes, étrangères à tous ces bas sentiments ; ce n'est pas étonnant ; une si grande étendue de pays peut bien renfermer les deux extrêmes. *La Normandie n'a-t-elle pas elle-même donné le jour à quelques braves gens ?* Je m'écarte; ces questions, pour être approfondies, exigent une plus longue expérience que la mienne.

Je n'ai encore dit mot du *baragouin chinois*, (je ne juge ici de la langue chinoise que relativement à nous : elle a ses beautés ; ses sons modulés n'ont rien de bien doux, au contraire, ils se rapprochent assez de la dureté allemande. Les personnes instruites parlent pourtant, dit-on, avec grâce. Les tons, chez eux, quoique marqués, ne frappent que légèrement, c'est loin d'être comparable au chant. J'ai entendu des chrétiens réciter leur prière; c'était une vraie chanson assez agréable pour moi qui ne suis pas phénix, mais qui ferait rire par sa monotonie. Il faut remarquer que le langage de Macao est très-corrompu, ainsi que celui des parties méridionales de la Chine. Plus avant, la langue est plus pure, quoique dans toutes les provinces on n'y parle pas la plus parfaite, appelée *Mandarine*. L'écriture est encore plus singulière, comme vous en jugerez par les almanachs de l'empire, que je vous ai adressés. Les Chinois écrivent de haut en bas et de droite à gauche; de la sorte, le commencement du livre, comme en hébreu, se prend à la fin; à la place de plume, on écrit avec le pinceau. La plupart des Chinois de Macao écorchent un portugais corrompu; même quelques-uns prétendent parler anglais. Très-peu d'européens savent quelques mots de chinois. Le commerce se fait à Canton en anglais. L'interprète de la compagnie anglaise, le docteur Morisson, s'occupe spécialement du chinois; mais jamais il n'égalera nos missionnaires jésuites qui, vivant avec les Chinois, pouvaient mieux saisir les nuances de cette langue.

D'ailleurs, de l'aveu de tout le monde, Canton, en fait de langue, le cède de beaucoup à Pekin. Je le sais, l'écriture est la même. Ce méthodiste, pour relever son talent, s'est avisé de dire que de tous les Missionnaires de Chine, trois ou quatre seulement entendent et parlent cette langue, et que les autres ne sont là que pour dire la Messe. Je voudrais bien savoir le fondement de cette assertion qui est la plus ridicule possible. Il n'existe bien probablement pas un missionnaire sur les quinze qui sont actuellement dans l'empire, qui ignore la langue. Venir dire la messe en Chine serait une idée digne d'honorer le profond penseur qui veut bien nous la supposer. Ce serait à peu près aussi raisonnable que la profusion de sa Bible en chinois. Oui les Missionaires étudient et savent la langue; et plusieurs peut-être, malgré leur peu de loisir pour l'étude, le disputeraient au docteur méthodiste, qui dernièrement, lorsqu'il a voulu haranguer le mandarin chargé de la reconnaissance des assassins des Français, s'est à peine fait comprendre à demi. Je ne veux cependant pas déprécier le mérite de ce littérateur ; mais aussi je prétends qu'un plagiaire des missionnaires n'a pas droit de se jouer d'eux. Il ressemble un peu à ses compatriotes qui, tout en recevant asile chez les Portugais, et jaloux de leur établissement en Chine, insultent à cette brave nation qui avantageusement s'est distinguée par ses exploits de mer, et, malgré sa faiblesse, a étonné le monde entier par des découvertes et des conquêtes que la rivalité lui enlève aujourd'hui. Si les Portugais sont, par le malheur des temps, moins célèbres que du passé, qu'on respecte du moins leur infortune. Et MM. les Anglais auraient bonne grâce à dédaigner une nation qui a un pied ferme en Chine; tandisqu'eux, malgré leur prépondérance, viennent d'être obligés de détruire une petite terrasse élevée, je ne dirai pas au bord de la mer à Canton, mais même dans le lit de la mer, qu'on reculait un peu. Je n'en estime pas moins la nation anglaise, je voudrais seulement que l'élévation ne méprisât point l'humiliation. La modestie sied à toutes les conditions. Les empires s'élèvent et s'abaissent. Je suis d'autant plus éloigné d'outrager la nation, qu'elle se fait un plaisir de concourir à nos vues pour l'établissement du Christianisme ; si je reprends ici quelques particuliers un peu trop enflés de leur grandeur, c'est sans toucher au corps dont ils sont membres. J'aime à le reconnaître, je n'ai rien vu à Macao d'indigne du grand nom de ces Messieurs; ils y vivent honorés, et avec une aussi grande liberté que leurs hôtes ; ils sont reconnaissants, se plaisant à se rendre utiles aux Portugais et aux étrangers. Leur docteur en médecine est à la discrétion de tout le monde, et notre maison en particulier lui doit de grandes obligations. Je n'en doute pas, si les Missionnaires français avaient besoin de MM. les Anglais, ils trouveraient un appui assuré, comme l'expérience le prouve.

Il me reste à raconter un petit trait assez singulier et récent. Une pierre sur le bord de la mer ayant, par cas fortuit, quelque figure sans doute bien informe de grenouille, et regardée pour cela comme sacrée, en est l'objet. Un portugais qui élevait un mur se permit de l'appuyer sur cette pierre; une telle profanation souleva bientôt la populace; l'affaire finit par prendre un caractère si sérieux, qu'aussitôt on vit arriver tous les mandarins des lieux voisins pour terminer cet important démêlé. Vous eussiez vu ces graves juges formant une longue procession au milieu de Macao, s'acheminer en palanquin vers la grenouille, escortés de leurs officiers à cheval et soldats armés de piques, précédés de leurs hérauts et bourreaux munis d'instruments de supplice, poussant d'effroyables hurlements et frappant de bruyantes cymbales, comme pour annoncer l'arrivée des premiers potentats du monde, et suivis d'une foule empressée. Arrivés sur les lieux, ces

Messieurs s'établissent en tribunal, et se disposent à porter une grave sentence. Au même moment arrivent MM. les Cafres, la terreur des Chinois, armés d'un énorme bambou, et envoyés par le gouvernement portugais offensé de la liberté des mandarins entrés dans la ville sans autorisation. A la vue de nos nègres prêts à jouer du bâton à toutes heures et surtout alors, nos fiers mandarins lèvent séance et se retirent bien vite. Après des excuses, les chinois ont cependant obtenu que leur divinité serait déchargée du fardeau qu'on avait eu l'audace de lui imposer. Vraiment n'y a-t-il pas de quoi rire et pleurer?

— On apprend à l'instant par la *Gazette de Pekin*, que l'empereur a ordonné aux tribunaux de la capitale de traduire devant eux quelques chrétiens dénoncés. Cette proclamation, qui parcoure la Chine, pourra indisposer les gouverneurs de provinces contre nos chrétiens. Prions Dieu que ce ne soit pas là un commencement de persécution générale.

Je pars pour le Tonkin, d'où je vous adresserai la continuation de cette relation.

Puissé-je trouver encore vivant le digne évêque de Gortyne, supérieur de cette mission! Que ne puis-je être formé à l'école de ce doyen de notre corps, qui compte cinquante-trois ans de travaux apostoliques !

CONTINUATION DU VOYAGE EN CHINE.

VOYAGE DE CHINE AU TONKIN.

Tonkin, 1er Août 1829.

Depuis long-temps j'annonçais mon départ ; mais la lenteur chinoise apporta des retards auxquels il fallut se soumettre. En février, le capitaine de la somme chinoise destinée à nous porter nous annonçait son départ comme très-prochain, et plusieurs fois depuis il renouvella l'appel : nouveaux préparatifs, mais aussi nouveaux retards. Je finissais par appréhender le contre-temps arrivé à quinze lieues de Macao, à S. François Xavier, qui au moment d'entrer en Chine, fut délaissé de son pilote qui avoit pourtant engagé sa parole. Grâce à Dieu, le 1.er mai je fus enfin rassuré ; le capitaine vint nous apprendre l'arrivée de sa somme. Ma joie fut suspendue quelques instants. Le capitaine nous avait précédemment informés qu'il ne recevrait que trois passagers. Comme nous étions quatre, chacun craignait d'être mis de côté; mais le capitaine voyant la détermination de nôtre adroit procureur qui jouait à *tout ou rien*, accepta, préférant ses intérêts à l'appréhension d'un péril incertain. Ma satisfaction fut d'autant plus entière, que notre procureur m'assura alors que comme le plus jeune, je serais demeuré, si trois seulement fussent partis. Le 2 mai, nous allâmes à bord de la somme avec nos effets et les provisions de trois missions. Le navire, pour mieux faire la contrebande, s'était tenu à près de deux lieues de Macao, entre des îles. Notre départ, quoiqu'assez public, ne présenta aucune inquiétude ; nos compagnons de voyage d'Europe qui nous avaient accompagnés à bord se riaient des loges de chiens destinées aux passagers ; mais ils se trompaient en croyant que nous serions jugés dignes de les habiter. A peine séparés de nos chers confrères, on nous confina tous quatre dans la loge du capitaine, voisine de l'oratoire du diable ; c'était en apparence fort honorable. Le moindre mal était d'avaler la fumée des baguettes parfumées qui brûlent devant l'autel, le plus pénible fut d'être collés l'un à l'autre, sans pouvoir ni remuer ni s'étendre. Nous soupirions ardemment après notre délivrance. A la nuit tombante, on vint nous dire de sortir ; on n'eut pas besoin de réitérer l'ordre ; nous accourûmes respirer l'air ; mais qu'entendons-nous ? A peine hors de notre trou, notre conducteur chinois nous somme de le suivre, et de ce pas il nous conduit à l'ouverture antérieure de la calle, et nous y fait descendre. Il n'y avait pas à marchander ; bon gré malgré nous, il fallait s'ensevelir tout vivant. Ceux qui ont navigué savent ce que c'est que d'habiter la calle où des marchandises de tout genre corrompent l'air. Si du moins nous avions eu un peu de place; mais non, le local préparé pour nous quatre était à peine long de six pieds, large de quatre à cinq pieds, et haut de un pied et demi ou deux pieds ; c'était évidemment trop étroit. Cette gêne n'ôtait rien à la gaieté ; nous plaisantions de tout cela, nous riions surtout de notre translation de captivité au moment où nous nous croyions en liberté. La patience seule pouvait élargir notre gîte. La mienne, bientôt poussée a bout, me fit demander en grâce de monter sur le pont. Il ne pouvait y avoir de difficulté ; la nuit nous dérobait aux regards. Notre requête accueillie, nous allâmes respirer. Nos gens se radoucirent bientôt ; et pendant toute la traversée, nous avons pu habiter le pont. Je ne suis personnellement descendu au gîte que dans les cas urgents ; un séjour un peu prolongé dans la calle m'aurait asphixié ; d'autres supportaient très-facilement cette demeure.

Avant d'en venir à la navigation, je vous dirai un mot d'une somme chinoise. Vous pensez déjà que je n'ai pas à vous décrire une frégate européenne ; les Chinois ne sont pas souvent parfaits. La forme d'un navire chinois n'a rien de la majesté des nôtres; ce sont souvent de lourdes masses dont la longueur dépasse de beaucoup la proportion de la largeur. Le nôtre pouvait avoir 80 pieds de long sur 12 de large. Ils ne sont point profonds. Ce manque de proportion les expose beaucoup à chavirer dans les gros temps. Aussi les Chinois, témoins de leur faiblesse, se garderaient bien de courir les mers orageuses. Si celle de Chine ne les rebute pas, c'est qu'ils choisissent les moments ; et d'ailleurs, que de pertes n'éprouvent pas les sommes qui s'avancent jusqu'à Batavia et Malaca, le *nec plus ultrà* de la navigation chinoise. Tous les vaisseaux chinois sont faits au même moule ; ils ont deux mâts et un petit qui n'est guère qu'un porte-pavillon. Ces mâts, dont l'un est plus élevé, ne menacent pas le ciel comme les nôtres; ils ne portent qu'une voile. Ils doivent être fortement enracinés dans le navire ; rien ne les soutient à l'extérieur. Les voiles ne sont point de toile ; ce sont des nattes de pailles ou de jonc cousues ensemble. La grande a environ 60 pieds de haut, sur 30 de large ; et la petite 20 pieds quarré. Leur pesanteur embarrasse beaucoup. On ne les élève que lentement et avec peine, quoique ce soit toujours à l'aide du cabestan. Le milieu du navire est bas, et les extrémités élevées. La peinture extérieure est communément rouge et mélangée. On ne trouve aucune commodité sur les navires chinois. Sur le derrière sont seulement trois loges, dont la principale est dédiée aux divinités. Tout le monde se construit une cabane avec des nattes ; de la sorte, le pont, qui souvent est déjà surchargé de marchandises, est encombré de toutes parts, au point de n'y avoir aucun passage. Pour le nôtre, c'était à peu près comme une diligence à impériale. Tout cet échaffaudage ne résisterait pas à une grosse mer. J'ai beau me moquer de la simplicité de ces habitations, je n'ai pas été assez heureux que d'en avoir une. En ceci je suis loin de me plaindre de notre capitaine. La prudence lui prescrivait de nous traiter ainsi ; son bon cœur m'assure qu'il compatissait à notre position ; aussi l'a-t-il témoigné plus d'une fois par mille petites attentions qu'on ne trouverait pas toujours chez les capitaines européens. Grâce à mon industrie, dès le deuxième jour, je sus me faire du large dans la calle pour avoir un gîte contre la pluie et les mandarins. A côté de notre tannière se trouvait le puit par où, à défaut de pompe, les

Chinois puisent l'eau qui entre journellement dans le navire; je me construisis là-dessus un réduit avec quelques morceaux de bois dont la vétusté m'inquiétait un peu, et des seaux. Le lit n'était pas mollet, mais au moins je n'avais pas les flancs collés à ceux des voisins. Nous étions environ quarante hommes, dont une vingtaine de matelots avec les maîtres de la somme, plusieurs pilotes, et quelques passagers chinois marchands. Mes trois confrères étaient : un dominicain espagnol pour le Tonkin oriental, M. Cuenot pour la Cochinchine, et M. Journoud ainsi que moi pour le Tonkin occidental. Nous avions pour conducteur un chinois chrétien, marchand, parlant portugais; et le P. dominicain avait en outre deux jeunes tonquinois, dont l'un bégayait un peu de latin. Nous ne pouvions, par défaut de langage, communiquer qu'avec ces deux hommes. Les signes suppléaient avec les chinois qui prenaient plaisir à nous voir et à nous obliger; les passagers se montraient aussi affables que les matelots. Assurément nous n'aurions pas eu lieu d'être plus contents sur un vaisseau européen. Tout en nous était nouveau pour ces bonnes gens. Nos vivres, notre manière de manger, nos habits, nos livres, nos usages, attiraient leurs regards. L'un venait, à la mode chinoise, examiner sans gêne vos habits l'un après l'autre ; l'autre, sans faire attention que nous disions le bréviaire, venait s'emparer du livre et l'examiner à rebours; l'un s'extasiait en entendant la montre faire *tic tac*; un autre n'aimait pas le pain que nous leur donnions à goûter ; cependant la plupart le trouvaient bon. Pour leur épargner les tentations, nous ne leur offrimes pas de vin qu'ils auraient certainement aimé. Le capitaine nous en demanda sans gêne ; nous lui en donnâmes. Son co-associé fut plus honnête ; en reconnaissance de deux ou trois bouteilles de vin, il nous offrit gracieusement plusieurs paquets de thé de Chine, plus précieux que le don. Le naturel de tous ces chinois m'a plu singulièrement. S'ils ont leurs défauts, ils n'ont pas cette morgue souverainement détestable de bien des européens. Plusieurs de nos matelots fumaient *l'opium*. C'est inconcevable que des gens de cette classe sacrifient le peu qu'ils gagnent à s'user le tempérament. Bientôt ce sera le mal général du Chinois qui, après y avoir une fois touché, se sent comme nécessité à en faire un usage journalier. Voilà un des hauts faits des chrétiens d'Europe. De plus, comme l'opium se fume la nuit, lorsque la manœuvre permet de se reposer, de tous côtés le feu est répandu sur le navire, parce qu'on a sa lampe allumée sous sa natte ; ce qui m'a toujours effrayé par les suites que pareille imprudence peut causer. Comme les chefs donnent l'exemple, il n'y a personne pour critiquer semblable faute. En général, j'ai remarqué que les Chinois sont très-imprudents sous le rapport du feu. Ils allument de toutes parts des papiers argentés et des baguettes odoriférantes qui pourraient cent fois pour une incendier le navire. Que diraient nos capitaines d'Europe, si justement timides! Ici il n'y a pas de table du capitaine ; chacun se nourrit à son goût ; le navire fournit seulement le riz et l'eau. De la sorte, nous pûmes retenir le genre de vie européen. Nous avions fait provision de pain, bien assurés que c'était là la dernière occasion d'en manger.

Je passe à la navigation. Le lendemain de notre arrivée à la somme, le 3 mai, dimanche et jour de l'Invention de la Ste. Croix, nous levâmes l'ancre de bonne heure. Nous allâmes coucher devant l'île de Sancian. Je contemplai avec respect ce saint lieu consacré par la mort de mon zélé patron, S. F. Xavier. Il nous a été difficile de reconnaitre ce saint lieu, mais le pilote chinois y suppléa, il m'indiqua même l'endroit où S. F. Xavier avait été enterré. Ce lieu est célèbre dans ce pays et vénéré même de certains païens. Le jour qui tombait, et un temps un peu pluvieux, ne me permirent pas de considérer cette terre d'aussi près que je le souhaitais. J'en vis assez néanmoins pour m'inspirer ces sentiments qu'imprime la vue d'un parage éloigné qui a reçu le dernier souffle d'un apôtre qui, après avoir conquis l'Inde à J.-C, volait à la conquête de la Chine. Comme Moyse, S. F. Xavier mourut à la vue de la terre promise. Pendant notre séjour à Macao, nous avions eu le dessein de visiter ce sépulcre distant seulement de quinze lieues, mais le pélérinage fut rompu. L'évêque de Macao défunt, dont dépend l'île de Sancian, l'avait visité deux fois et y avait offert le S. Sacrifice. Il eut même la dévotion de faire relever un petit oratoire construit autrefois sur le tombeau du Saint; j'ignore si quelques méchants chinois ne l'auront déjà pas renversé. L'île regarde le continent chinois; nous passâmes entre deux; je portais sur moi une relique de S. F. Xavier, reçue à Paris. J'aimais à la vénérer devant ce lieu où elle avait reposé; par malheur, en la prenant entre les mains, je laissai tomber une relique plus précieuse, celle de la vraie Croix. Ce fut ainsi que le jour même de l'Invention de la Ste. Croix devint pour moi le jour de sa perte. La nuit du 4 au 5, comme il n'y avait pas d'îles sur notre passage, nos chinois, habitués à s'arrêter avec le soleil et à marcher avec lui, voulurent cependant se hasarder à naviguer au clair de la lune. Mais avant d'entreprendre pareil exploit, il fallut s'y disposer. Le soir on offrit le dîner aux idoles, et on redoubla de ferveur à brûler du papier argenté et des bougies odoriférantes, le tout au son bruyant de la cymbale et avec force prostrations. Les dieux appaisés, on vogua jusqu'au lendemain, où nous abordâmes la rade d'une île ; il fallut se résigner à y passer deux jours sous les yeux de plusieurs sommes marchandes et d'une somme de guerre. J'y fus rassasié de l'artillerie chinoise. Nous en fûmes quittes pour être encasernés de temps à autre et pour ne nous montrer que de nuit. La sollicitude de notre capitaine adoucit un peu notre sort; il nous fit dresser une espèce de tente sur notre trou, sous laquelle nous passions la journée. Au moindre bruit, nous courions comme des rats à la tannière; une fois pressés de disparaître, nous nous précipitâmes tous quatre à l'ouverture avec une caisse de vin. La scène fut amusante; le concours obstrua l'entrée; je ne me glissai en bas qu'après avoir déchiré mon pantalon. Hermétiquement fermés, nous nous mettions à rire de nos petites aventures. De temps à autre quelqu'un mettait le nez au trou pour sonder le terrain et demander grâce. Le danger écarté, nous reparaissions. C'est triste chose, je vous l'assure, que d'être mis au rang des marchandises. Le capitaine étant de ces parages, nous quitta, laissant un autre chef; ce bon homme, chinois dans l'âme sous le rapport de l'amour de l'argent et de l'ignorance des premières convenances, eut voulu nous attraper quelques piastres; mais, instruits par notre procureur, maître-homme, nous lui fîmes une réponse claire, ou plutôt, nous nous rîmes de ses prétentions. Sortis de la rade le 7, nous ne pûmes faire que peu de chemin. Le 9, nous abordâmes l'île d'Hainan, et mouillâmes à une rade où se trouvait avec plusieurs navires une somme de guerre. Notre tannière fut encore notre ressource; le lendemain nous reprimes notre route. Vers midi survint un petit orage auquel les marins d'Europe ne feraient pas attention, mais qui fut chose sérieuse pour nos preux chinois. A peine menaçait-il, que les matelots, selon leur méthode, diminuent les voiles et se dirigent sur la terre, tandis que nos habiles gens s'effrayaient; nous nous réjouissions en voyant le vent s'augmenter et promettre une navigation plus accélérée; mais, à notre grand étonnement, il fallait se résoudre à voir jeter l'ancre en plein midi, et cela pour jusqu'au lendemain. Vraiment, pareils navigateurs portent compassion; déjà la veille une apparence d'orage avait failli désorienter nos chinois. Vous les voyez dans ces moments se donner du mouvement, courir à leur manteau de paille et à leur large chapeau de rotin, couvrir avec des nattes leurs paquets de guenilles, transporter par fois quelques marchandises au côté du navire d'où vient le vent pour maintenir l'équilibre, comme si quelques centaines de livres pouvaient beaucoup influer; enfin se poster une demi-heure auparavant pour baisser les voiles. Très-peu de matelots seraient capables de grimper sur les mâts; heureusement il n'y a pas la même nécessité que chez nous. Le 10, nous sortîmes du détroit de Hainan pour entrer en pleine mer. Jusqu'ici nous n'avions fait que côtoyer la Chine; c'était ici le pas le plus difficile, il n'y avait pas de rémission, il fallait abandonner les côtes et se résoudre à ne plus pouvoir jeter l'ancre jusqu'au Tonkin. Pareille promesse ne devait pas se faire à la légère. Dans l'après-midi on immola un cochon et une poule au son de la cymbale, et bientôt après, le pilote, tourné vers ces vénérables objets, brûla du papier et se prosterna affectueusement. Témoins des simagrées qui avaient accompagné l'immolation de ces animaux, je me refusai à en manger; mais comme notre conducteur nous assura que les viandes n'étaient pas offertes, en mangea qui voulut. Le dîner achevé, on fit le sacrifice. Après avoir placé au milieu du navire deux lanternes devant lesquelles on exposa la poule et la tête du cochon avec des tasses remplies de thé, deux hommes se présentèrent avec des seaux pleins, à ce qui me parut, d'eau de riz, qu'ils versèrent dans la mer, tandis que les uns brûlaient quantité de papier doré et argenté, et que les autres frappaient des cymbales. Un vieillard, prosterné devant l'offrande, s'épuisait en ferventes salutations. La conclusion fut plus risible. Les jeunes matelots accoururent sur la poule et la tête de cochon, et se régalèrent de ces viandes sacrées. Retirés dans notre coin, nous ne pouvions que gémir de l'aveuglement de ces pauvres infidelles, et demander au vrai Dieu ce que ces ignorants sollicitaient vainement de leurs divinités imaginaires. Sous des auspices si favorables, nos chinois bravèrent le golfe du Tonkin. Dès le lendemain matin nous vîmes une île, cette vue dut tranquilliser nos chinois. Enfin, le 12, vers les deux heures après-midi, nous pûmes distinguer les arbres du Tonkin, (le Tonkin est distant de Macao, par mer, d'environ 200 ou 250 lieues). Déjà nous nous préparions à descendre par la première barque de pêcheurs qui s'offrirait, lorsqu'un orage nous arrêta. Le lendemain, le capitaine, après avoir invoqué ses dieux avec ferveur, s'approcha du port; mais le défaut d'eau suspendit notre marche. Nous allâmes ancrer près d'une frégate royale. Il est à remarquer que nos gens, pour paraître moins suspects, s'approchaient toujours très-près des vaisseaux mandarins. La vue de ce navire, de construction européenne, et à pavillon tricolore, nous étonna beaucoup; nous le crûmes hollandais, mais à l'instant on prit des informations : on nous dit que c'était une frégate cochinchinoise à la poursuite des brigands, en compagnie de deux autres vaisseaux, dont l'un européen et l'autre tonquinois. La proximité nous obligea à garder la cellule; avec raison, quatre mandarins de la frégate vinrent successivement nous rendre visite. Nous ne fûmes jamais visibles, parce que ce n'était pas notre jour d'audience. Ils ne soupçonnent guère que les Chinois leur amènent des européens. Nous étions tranquilles dans la cale, riant et causant, sans même savoir que nous étions honorés de la visite de ces Messieurs; pour nos conducteurs, ils tremblaient de tous leurs membres. Nous aurions été bien heureux si, dès le premier jour, nous avions rencontré des barques de pêcheurs, ressource ordinaire des Missionnaires; après un court voyage de dix jours, nous aurions débarqué, ce qui n'est pas très-ordinaire, car les Chinois sont généralement d'une lenteur insupportable sur mer. Je m'étonnais même qu'après nous être arrêtés si souvent, et avoir perdu inutilement bien des moments, nous fûssions arrivés en si peu de temps. Le plus grand accident pour nous ne fut pas de pouvoir entrer au port, c'était celui de ne point rencontrer de barques ni païennes ni chrétiennes. La crainte des vaisseaux du roi, qui recherchaient les pirates, empêchait les pêcheurs de sortir. Ceci allait peut-être nous devenir funeste, lorsque le 14, deux jours après notre arrivée, la Providence permit qu'un pilote chrétien vint à la frégate pour se charger de l'entrer au port où elle devait se rendre. Après avoir pris ses arrangements avec les mandarins pour la nuit suivante, il vint aussi nous offrir ses services. On conclut qu'après avoir conduit la frégate, il viendrait chercher la somme. Cette disposition nous tirait déjà d'un grand embarras, le voisinage des mandarins. Nos conducteurs ayant connu que le pilote était chrétien, lui dirent le mot pour nous ; il n'eut pas besoin de faire presser. Dans cet intervalle, enfermé dans la calle, je regardais par un trou, je voyais la famille du pilote parcourir le navire, envieuse sans doute d'appercevoir les Pères. Il se retira conduisant à terre un de nos conducteurs tonquinois qui allait chercher des barques pour nous enlever de nuit.

Vers les deux heures après-minuit arrive notre courrier qui, descendu à terre, s'était entendu avec un curé tonquinois, et avait rencontré la barque du collége des Dominicains, venue là pour la pêche à laquelle il en avait adjoint une seconde. A l'instant nous disparûmes, n'emportant que quelques petits effets et laissant tout le reste à bord, à la garde de notre conducteur chinois. La frégate était encore à côté de nous, mais elle n'eut aucun soupçon. Nous n'eûmes garde d'aller au port ; nous nous dirigeâmes vers des lieux écartés. Ce fut alors seulement que nous quittâmes l'habit européen, pour nous métamorphoser en chinois, et de la manière indiquée dans ma relation de Macao. Les Chinois ont seuls entrée au Tonkin. Ainsi équipés, nos quatre champions débarquèrent le 15 mai, à huit heures du matin, dans une chrétienté. Un bon vieillard, curé de ces parages, nous reçut au rivage. Rendus (quatorze jours après notre départ de Chine) dans cette terre dont nous pouvons dire : *hic est locus requietionis meæ*, c'est ici le lieu de mon sépulcre; nous fûmes conduits à l'Eglise du village, dite de S. Pierre. La description en est facile : une toiture de chaume soutenue de quelques bambous rongés des insectes, sans muraille, ou seulement avec une cloison par derrière et dans un des côtés, voilà ce qui compose l'édifice. Une planche qui sert d'autel, un crucifix avec une mauvaise image de S. Pierre, quelques nattes étendues par terre, voilà l'intérieur de la basilique du prince des apôtres au Tonkin. Après une courte prière d'actions de grâces, deux d'entre nous disparurent, emportés dans des filets. Le P. dominicain et moi, nous fûmes conduits au presbytère, à deux pas de là, précédés du curé qui, par ignorance du latin, ne nous desserra pas les dents. Nous ignorions totalement ce qu'on voulait faire de nous et de nos confrères. Rendus au presbytère, le curé nous y introduit (l'entrée en est facile comme à une halle), et nous fit signe de nous approcher de l'endroit destiné pour nous asseoir. Tout désorientés, et appercevant devant nous une croix avec quelque chose de mystérieux, nous crûmes que c'était une chapelle, et que le prêtre nous invitait à y prier un instant. Sans trop examiner, par la crainte de scandaliser les assistants, nous tombons aussitôt à genoux ; mais à peine avons nous levé les yeux, que nous nous appercevons de notre méprise. Nous nous levâmes bien vite, plus portés à rire qu'à prier. Il faut donc s'asseoir, mais comment ? Il n'y a ni chaise, ni banc; c'est une estrade recouverte d'une natte, nous y montons, et n'en sachant pas d'avantage, nous nous asseyons sur l'extrémité, laissant pendre les jambes à la mode d'Europe; je savais que tel n'était pas l'usage du pays, mais qu'y faire? Je ne voulais pas les singer sans avoir eu auparavant un modèle. Assis, le bon curé, que nous ne connaissions pas même encore comme tel, nous présente un coussin revêtu d'un tissu de natte, de la forme d'une boîte ronde, haute de 9 pouces. Qu'est-ce que cela? Nous n'étions pas sorciers pour le deviner. En conséquence, nous n'y touchâmes pas. Peu après on nous en présente un second; mon compagnon, le P. dominicain, se prend à rire aux éclats, et moi de l'imiter, au risque de scandaliser innocemment ces bonnes gens. Nous ne savions trop que penser de cette machine. Sentant l'appétit ouvert, et pensant que ce pourrait bien être une boîte qui renfermât des raffraîchissemens, nous essayâmes de l'ouvrir: vains efforts, il n'y avait point d'ouverture. Enfin, après avoir bien considéré cet objet, nous reconnûmes que ce ne saurait être qu'un coussin, et comme tel, nous le mîmes sous le coude. Nous restâmes dans cette attitude plus d'une demi-heure, exposés aux regards des chrétiens. Nous nous communiquions nos réflexions sur le nouveau pays que nous habitions. L'aspect est vraiment frappant: je croyais être dans les forêts de Java. Les tonquinois ont assez la tournure des Javanais. Les habitations ne l'emportent guère : tout, en un mot, présente la simple nature et l'état d'un peuple neuf. Le Tonkin est un royaume réuni aujourd'hui à celui de Cochinchine, sous le nom commun d'An-Nam, tributaire de la Chine dont il a fait partie nombre de siècles. Ce pays est au midi de la Chine, dans l'Inde, au-delà du Gange. Il s'étend du midi au nord, environ du 17.ᵉ degré au 23.ᵉ Sa longitude varie; bornée au sud, elle s'élargit considérablement en allant au nord ; on peut évaluer sa longueur à 150 lieues, et sa largeur moyenne à 50 lieues. Il est borné au nord par la Chine, à l'est par la mer, au sud par la Cochinchine, et à l'ouest par des montagnes habitées par les Laociens et d'autres peuples. Le Tonkin est sous la zône torride. Les Chinois appellent le Tonkin *Tong-King* ou *Ganam*, mais il porte ici le nom de An-Nam. Le Tonkin, quoique partie des Indes, n'a rien des Indiens, et est tout chinois pour ses usages, sa religion, sa langue, etc. Cette dernière cependant n'est plus la même; l'écriture en rapproche d'avantage. Les tonquinois sont bien inférieurs aux Chinois en industrie et connaissances ; pour la guerre, ils sont supérieurs.

Nous disparûmes enfin, emportés dans des filets, sans pourtant être plus éclairés sur nos démarches que du passé. Transportés dans un village voisin, nous fûmes réunis à nos confrères dans un couvent de religieuses. Logés ainsi dans un village chrétien et dans un couvent, nous fûmes aussi tranquilles qu'à Rome. Il est vrai qu'auparavant nous n'étions guère plus craintifs. Notre tranquillité avait même déplu à notre conducteur chinois qui, par pusillanimité, aurait voulu que nous ne prissions avec nous ni livres, ni objets de religion, et qu'une fois embarqués nous ne sortissions jamais de la calle. Un jour il nous dit nettement, que si nous ne craignions pas pour notre tête, il craignait pour la sienne. Il semblait se résoudre à ne plus accompagner de missionnaire, mais la raison de l'intérêt sera toujours la plus forte sur un chinois; la perte, au reste, serait petite, à mon avis, car des gens si faibles ont plutôt besoin de conducteur qu'un missionnaire courageux. On serait souvent plus tranquille qu'avec ces poltrons qui crient toujours au péril.

Notre séjour au couvent n'eut rien de remarquable, seulement, le jour de notre arrivée, nous fûmes honorés de la visite des principaux de la commune et de quelqu'autres. Les saluts se font avec beaucoup de gravité et de respect. On nous fit des présents de beaux poissons. Quoique dans un couvent, nous n'eûmes pas l'avantage de célébrer la Ste. Messe ; ce fut beaucoup de pouvoir l'entendre le dimanche. Ici l'aspect d'un couvent n'est pas le même qu'en Europe. Pour l'édifice, c'est une méchante maison distinguée des autres par sa grandeur, suffisante pour loger vingt à trente femmes. Ces religieuses sont mal habillées, pauvrement nourries, occupées d'exercices de piété et de différents ouvrages manuels pour fournir à leur chétif entretien. Je ne prodigue point de louange, je n'ai pas été à même de juger de ces personnes. L'extérieur est bien édifiant ; elles se lèvent la nuit pour chanter leurs prières. Quoiqu'elles vivent bien sobrement, nous n'avons eu qu'à les blâmer de prodigualité à notre égard ; elles nous nourrissaient même en partie à l'européenne. Notre manière de manger est si singulière en ce pays, qu'elles accouraient toutes pour nous voir à table. Les jeunes gens qui nous servaient et ces religieuses ne pouvaient, dans le commencement, s'empêcher de rire en considérant notre méthode. Le premier repas que nous fîmes fut surtout assaisonné d'éclats de rire ; le P. dominicain, d'un naturel gai, se mit de la partie, et moi je ne tardai pas. La chose était d'autant plus comique, que nous nous efforcions de garder la gravité nécessaire avec ce peuple.

Dès le deuxième jour, le P. dominicain se sépara de nous et se rendit près de son évêque. Quant à nous, nous attendîmes l'arrivée des barques que nos Messieurs nous annonçaient. Nos Messieurs s'occupèrent d'abord des déchargements des provisions et effets laissés sur la somme chinoise. La chose s'exécuta à souhait, mais il fallut des précautions et même l'intervention d'un mandarin chrétien qui venait de perdre sa place, mais qui connaissait les moyens de réussite mieux que personne. Le 21 mai arrivèrent nos gens, et bien à propos, car deux petits mandarins venaient d'arriver au village pour la perception des contributions. Le soir même fut déterminé pour passer dans notre mission, dont le chef-lieu n'est distant que de six à huit lieues. Nous prîmes congé de nos hôtesses, qui ne voulurent rien recevoir pour nos dépenses pendant huit jours, et nous reçûmes les adieux des principaux du village, après quoi, montés dans des filets, nous fûmes portés à la barque, escortés du maire et de ses adjoints. Le reste des premiers du village amusaient les mandarins auxquels nous laissâmes le champ libre. Imaginez-vous la joie de ces bons chrétiens de posséder tant de Pères européens. Une fois embarqués, nous ne fûmes plus occupés que d'éviter les douanes ou corps de garde. Nous avions deux barques, dont l'une ne portait rien; elles appartenaient à des pêcheurs, et deux hommes expérimentés de notre collége dirigeaient la marche; nous ne nous mêlions de rien, comme de juste. Le premier projet avait été d'éviter le port; mais on se détermina à passer hardiment forts peut-être de la protection, de l'ex-mandarin chrétien dont j'ai parlé. Nous abordâmes le port, qui est en-dedans du fleuve, vers les dix heures du soir. Tout était en repos; j'apperçus plusieurs bâtiments. La somme mandarine ne s'occupa pas de nous. Nous reçûmes avec nous l'ex-mandarin chrétien qui nous accompagna jusqu'au de-là des postes, après quoi, nous ayant salués, prosterné à terre, à la mode du pays, il se retira. En passant devant les corps de garde, je me riais, avec un de nos catéchistes, de Messieurs les mandarins : je ne savais guère ce qui m'attendait. Le lendemain matin nous avions dépassé tous les lieux périlleux; et au dire de nos conducteurs, tout était fait. On s'arrêta et on se joignit à deux ou trois barques chrétiennes pour déjeûner, ensuite nous expédiâmes par terre un de nos deux catéchistes avec les lettres de la mission; pour nous, nous poursuivimes lentement notre route; faute de vent, on descendit sur le rivage pour trainer la barque. Vers les dix heures, nos gens désirant s'arrêter un peu au rivage opposé, s'y dirigèrent. Arrivés à côté de quelques autres barques de pêcheurs, on fixe la nôtre. Notre catéchiste nous demande de descendre à terre pour quelqu'affaire; point de difficulté. Mais à peine est-il hors de la barque, que des soldats lui sautent dessus. Il se dégage, et ne perdant pas la carte, il nous crie de fuir au large; en même temps les satellites font retentir l'air de *bat bat*, (prenez, prenez), enjoignant aux barques voisines de se saisir de nous. Enfermés dans la barque, nous entendons ce tumulte. Qu'est-ce que tout cela? Notre homme n'est plus avec nous pour nous parler latin. Je mets la tête hors du trou, j'apperçois toutes les barques en mouvement, des femmes échevelées qui, vaincues par les coups des satellites, saisissent la rame et feignent de nous poursuivre. Ces gens étaient chrétiens et savaient qui nous étions. Pour nous, nous ramions, je vous l'assure, tout de bon. Je voyais la famille de notre pêcheur donner un coup de rame, et tourner aussitôt la tête pour s'assurer de la marche des autres, et s'animer à redoubler d'élan. Nous prîmes nos souliers, la pipe, l'éventail et le Bréviaire, et attendîmes le dénouement. M. Journoud voulait suppléer au langage par signes, mais la bonne vieille femme qu'il questionnait ne donnait pour réponse que des signes de croix et des battements de poitrine. Lui en augurait notre prise, et moi je me fâchais de ce qu'il voulait sans fondement jeter l'alarme. Notre catéchiste, débarassé des mains des satellites, accourut au village situé tout près du rivage, et tout chrétien. Il conduisit aussitôt les chefs du village près du fleuve, pour que ceux-ci amusassent les soldats qui, par là, nous donneraient le temps de fuir. Ils firent plus, ils intimidèrent les ennemis, en leur demandant en vertu dequel acte écrit ils poursuivaient une barque au-delà des limites de leur juridiction : ils eurent beau alléguer l'ordre verbal du mandarin ; n'ayant pas d'écrit, ils reculèrent, espérant sans doute se dédommager auprès du mandarin qui ne manquerait pas d'en venir à des poursuites ultérieures. Nous qui ignorions tout ce qui se passait hors de notre barque, nous étions toujours fort inquiets, et n'avions de consolation que dans nos rameurs. L'appréhension augmenta en voyant le rivage se couvrir de monde; nous croyions voir autant d'ennemis. Nous nous trompions ; c'étaient des chrétiens et des gens de notre collége qu'on venait d'avertir de notre crise. Nos gens, fatigués de ramer, s'approchèrent du rivage, et lachèrent une corde à la foule qui s'empressa de nous trainer. Nous vimes arriver des filets pour nous porter par terre ; mais on préféra nous conduire par eau. Vers onze heures, nous arrivâmes au collége après une détresse d'une bonne heure. Il ne suffisait pas de cacher nos personnes, il fallait encore faire disparaître la barque et la famille du pêcheur. Le tout fut promptement exécuté, et il ne resta aucun vestige de notre passage. Presqu'en même temps que nous arriva notre catéchiste que nous croyions captif, et qui nous expliqua l'affaire. Le mandarin du port ayant su que des européens venaient de débarquer, avait envoyé douze hommes avec deux barques pour les poursuivre. Quand vers les dix heures nous abordâmes le rivage opposé pour nous arrêter, les barques ennemies qui nous suivaient à notre insu se dirigèrent aussi vers le rivage pour y déposer des hommes qui viendraient en course à l'endroit où nous nous arrêterions. Ils vinrent à temps en effet, mais ne furent pas heureux. Quelle maladresse que de se laisser intimider par quelques misérables villageois! S'il faut, au reste, avouer que la maladresse de ces satellites fut bien lourde, il faut aussi reconnaître avec action de grâces une protection bien marquée de la divine Providence. Tout bien considéré, la fuite était pour nos satellites le plus sage parti; nos auxiliaires auraient pu faire main-basse. Si nous ne nous fûssions arrêtés au rivage opposé, nous étions infailliblement pris, parce que l'ennemi nous suivant à notre insu, nous marchions tranquillement, et nous ne nous serions apperçus du mal quequand il n'y aurait plus eu de remède.

Comme vous le voyez, le plaisir de l'entrée si désirée en notre mission ne fut pas très-pur. Heureux d'avoir échappé au péril pressant, nous ne pouvions pas nous promettre une sécurité entière. Les satellites, de retour de l'expédition, devaient nécessairement faire un rapport propre à provoquer de nouvelles démarches. Bientôt, en effet, différents bruits alarmants assiégèrent notre retraite. Nos Messieurs avaient posté des hommes affidés au loin qui, au moindre bruit, ne manquaient pas, à la mode tonquinoise, d'exagérer du double. A en croire les uns, le mandarin venait de dépêcher à la ville royale, pour informer le vice-roi de notre entrée; les autres faisaient déjà marcher les troupes sur nous. Nous résistâmes d'abord à ces bruits, mais enfin la prudence suggéra de décamper. Le lendemain même de notre arrivée, on songea aux préparatifs : trois barques devaient nous conduire dans trois endroits différents, mais les nouvelles de la soirée défirent ce premier projet. On suspendit tout jusqu'à nouvel ordre. En conséquence, nous nous couchâmes, heureux de pouvoir dire, pour la première fois au Tonkin, la Ste. Messe le lendemain dimanche. Mais à peine étais-je au lit, que Mgr. le co-adjuteur vint nous parler de décamper. Nous recevons nos billets de logement, et nous nous mettons en route au clair de la lune pour aller quêter l'hospitalité dans les villages voisins. M. Cuenot alla seul et moi avec M. Journoud; la promenade fut agréable. Nous étions vrais tonquinois pour l'habillement : sur une chemise et un pantalon nous portions une longue robe, munis en outre d'un mouchoir et d'un éventail. Dans ce costume imposant, escortés de cinq ou six élèves, nous traversâmes les champs; les pieds ne s'accommodaient pas trop de certaines mottes sèches, mais le plaisir de la nouveauté faisait que je riais de cette marche. Arrivés au village, nous réveillâmes tous les chiens du quartier. Nous nous présentâmes chez un médecin chrétien, qui se fit un plaisir de nous recevoir. Après avoir passé deux jours chez ce bon chrétien, dont un appartement nous servit de chapelle, nous reçûmes l'ordre de rentrer au gîte, n'y ayant plus de péril. Notre retour se fit de nuit. Habillés d'un pantalon des plus amples et d'une chemise par-dessus, à la mode du pays, un éventail en main, nous nous mîmes en marche, accompagnés de notre hôte et de plusieurs de nos gens munis de perches. Il avait plu, et le terrain était chargé de fange, c'est pourquoi nous ne nous revêtîmes pas de la robe, mais marchâmes comme le commun. Je ne sais si jamais j'ai tant ri que dans cette marche pompeuse au milieu des bourbiers, avec l'accoutrement où nous nous trouvions. Entrés ensuite dans un étroit sentier pratiqué entre des champs de riz, les éclats de rire partaient de toute part; tantôt mon confrère glissait en bas, tantôt je m'enfonçais dans un creux où je me trouvais à la veille de faire la culbute. Une fois rentrés au collége, nous avons été assez tranquilles, quoique nous fussions cinq européens dans cette retraite, les deux évêques et nous trois nouvellement débarqués. Tout aurait été assoupi, si le mandarin ne se fut pas saisi d'une barque du pêcheur qui nous avait introduits, avec le fils qui la gouvernait; il était décidé à ne la rendre que quand le père coupable aurait comparu et dévoilé l'affaire. Notre devoir étant de ne pas laisser souffrir plus longtemps une famille qui s'était dévouée pour nous, nous avisâmes aux moyens de tout pacifier. On fit parler au mandarin par des personnes qui lui tirèrent des aveux propres à servir de règles de conduite, sans qu'il s'en doutât. Il dit à nos espions que s'il nous avait attrapés, il ne nous aurait pas lâchés à moins de trois mille ligatures (6,000 fr.). Sans doute qu'il se serait radouci. Pour le cas présent, il s'est contenté de deux barres d'argent (environ 160 fr.), moyennant quoi, la barque a été lâchée et la famille du pêcheur rédimée de la vexation qui la menaçait. Deux autres barres d'argent ont dû être données à un certain personnage qui se dit avoir accommodé l'affaire, quoique peut-être (je ne prononce pas) ce soit lui qui nous a vendus et trahis honteusement. Les autres frais et indemnités accordés au pêcheur frustré de son travail pendant assez longtemps, se montent encore à environ 300 fr. Cette affaire a pu coûter de 600 à 700 fr. Vous voyez combien l'argent est puissant ici ; avec lui vous n'avez rien à craindre des mandarins. Il est seulement à regretter qu'un argent qui aurait dû avoir une destination bien plus utile soit donné à nos ennemis. Au reste, ne nous plaignons pas, nous l'échappons belle, et à bon compte.

Pour n'être pas exposé à errer, je me tais sur la cause de notre aventure. On est assez autorisé à croire qu'il y a eu trahison, et même l'individu n'est guère douteux. Le plus fâcheux de l'affaire, c'est l'appréhension où l'on est que les pêcheurs n'osent plus à l'avenir s'exposer pour entrer les objets ou personnes. Ce peuple-ci est excessivement timide. Vous vous étonnez peut-être que nous choisissions le collége pour retraite; en effet, cela paraît téméraire; mais, tout bien posé, nous y sommes peut-être plus en sûreté qu'ailleurs, parce que, naturellement parlant, on ne peut pas nous y supposer. Le collége est connu dans le pays, mais on ignore que des européens le dirigent, ce qui ne peut s'expliquer que par la protection de la Providence, les mauvaises langues étant si répandues. Depuis deux ans Mgr. l'évêque y fait sa résidence avec le supérieur de l'établissement, auquel nous avons apporté des bulles de co-adjuteur. C'est le quatrième co-adjuteur de notre vicaire apostolique, en mission depuis 53 ans, et âgé de 77 ans. J'éprouve bien du plaisir à être dans une mission administrée par un si respectable évêque. L'emplacement du collége est assez beau. Les corps de logis n'en sont pas superbes, sans en excepter le palais épiscopal, mais on peut encore s'en contenter. Tout respire la pauvreté. Une soixantaine de jeunes gens étudient le latin sous des catéchistes; une vingtaine de catéchistes suivent le cours de théologie de Mgr. le co-adjuteur; il y a de plus une vingtaine de catéchistes qui vont et viennent pour les affaires de la mission. Quatre ou cinq prêtres ont aussi le collége pour retraite; deux prêtres qui administrent les paroisses voisines habitent même cette communauté. Tout prés se trouve l'église du village et un couvent d'une quarantaine de religieuses, dites *Amantes* de la Croix. Le village est tout chrétien ; les autres environnants sont aussi généralement chrétiens. Je ne puis encore rien dire de la ferveur de ces nouveaux chrétiens ; je n'en vois aucun ; je ne sors pas du gîte, et même il y a apparence que les Européens garderont encore quelque temps la retraite dans ce pays. Le roi de Cochinchine, dont le Tonkin dépend aujourd'hui, avait ordonné à tous les Missionnaires de ses états de se rendre à sa cour comme interprêtes. Deux de ceux de Cochinchine furent retenus à la cour avec un P. franciscain ; mais ils obtinrent leur mise en liberté. Plus tard, M. Jaccard, qui dirigeait le collége de Cochinchine, ayant été appelé pour interpréter une lettre, fut gardé ; mais avec toute latitude, de sorte qu'il peut administrer publiquement, etc., pourvu qu'il se présente quand on a besoin de lui à la cour. Quant aux Missionnaires du Tonkin, loin de se présenter au roi, qui probablement n'avait pas des intentions bien favorables, ils gardèrent l'incognito. Le bruit courut qu'il n'y avait pas de missionnaire au Tonkin, et le roi s'en contenta. Aujourd'hui, pour ne pas démentir cette fausseté, nous nous tenons paisibles ; on pourra insensiblement remuer ;

déjà dans la partie voisine de la Cochinchine, nos Messieurs paraissent assez librement. Au reste, cette inaction n'est point préjudiciable, parce que les Missionnaires ne sont pas à même d'exercer le ministère, défaut de connaissance de la langue : de ce nombre sont quatre nouveaux débarqués, deux l'an dernier, et deux celui-ci. Des quatre autres missionnaires (nous ne sommes que huit), deux sont nécessairement sédentaires; le vicaire apostolique, cassé d'années et d'infirmités, et Mgr. le co-adjuteur qui dirige le collége ; les deux autres sont occupés près de la Cochinchine. J'espère que quand nous saurons la langue, nous aurons toute liberté d'exercer le ministère. Le Tonkin est bien fourni de prêtres indigènes ; on en compte aujourd'hui quatre-vingt et onze : c'est là un grand secours. Ils ont toute facilité de vaquer au ministère. Les chrétiens ne sont nullement inquiétés. Il n'y a donc que les Européens qui soient un peu sur le qui-vive; mais avec des précautions on s'en tire. Après tout, si l'on était pris, le mal serait petit pour les Missionnaires, quoique peut-être très-fâcheux pour la mission. Espérons que Dieu continuera de faire sentir ses desseins de miséricorde envers cette église naissante ! Vous attendez peut-être une longue dissertation sur le Tonkin, ses habitants et ses usages, mais en qualité de novice, je ne hasarderai rien ; plus tard, si je remarque quelque chose d'intéressant, je vous le communiquerai. Je me contenterai aujourd'hui d'ajouter un mot sur la manière dont je me trouve ici et sur mes occupations. Je vous répéterai d'abord que les changements de pays me sont bien peu sensibles, et qu'être au Tonkin ou en France, n'est rien pour moi. Je n'ai pas senti la moindre émotion en entrant sur cette terre étrangère, pas le moindre ressentiment de ma patrie, malgré que l'aspect de cet exil volontaire ne charmât pas. Je dois cela sans doute au motif qui m'amène dans ces contrées idolâtres. Le climat n'est pas renommé, tant s'en faut, néanmoins je m'en accommode à merveille jusqu'ici. Les chaleurs seules qui maintenant sont très-fortes m'éprouvent un peu ; mais c'est très-supportable ; j'en suis quitte pour suer abondamment. Ce sera un peu plus pénible, quand sorti de ma retraite, il faudra affronter les rayons du soleil dont le chaume me défend maintenant ! La nourriture est saine et plus que suffisante pour des gens dont l'appétit est un peu émoussé par le climat. Le riz remplace le pain. La boisson, ce sont des écuellées de thé qui ne contribuent pas peu à entretenir une transpiration déjà violemment excitée. L'eau n'est pas saine ; cependant l'eau de pluie est très-potable ; l'expérience journalière m'en convainc : l'excès serait pourtant très-dangereux. La dissenterie, ou même le choléra-morbus (fléau des Européens en ces contrées) pourraient très-bien en être les suites. Malheureusement, pressé par la soif, on ne calcule pas toujours juste. Les fruits ne sont point exquis, mais plutôt malsains. Point de lait, parce qu'on ignore ce que c'est que traire une vache. Les habitudes nouvelles auxquelles il faut se faire sont totalement différentes des nôtres. Pour l'habit, par exemple, il consiste en un pantalon large et une chemise par-dessus avec une longue robe noire. Tel est mon costume et celui des personnes décentes. Le commun n'a que le pantalon et la chemise. Dans la maison, on porte des sandales qu'on ôte pour entrer dans les appartements et voyager. Cette chaussure est des plus simples. Pour l'avoir portée le premier jour pendant trois heures, j'en ai eu les pieds écorchés pour un mois ; je commence à m'y faire. Nous portons la barbe ; mais la mienne ne sera pas du goût des Tonquinois qui la veulent noire. Pour les cheveux, nous sommes dans l'habitude de les couper, quoiqu'ici on nourrisse sa chevelure. Il ne faut pas s'étonner si nous ne nous tonquinisons pas en tout ; nous aurions beau singer, jamais on ne s'y méprendra. Ici on n'a ni nos chaises ni nos tables d'Europe ; le plancher, toujours recouvert de nattes, en tient lieu ; ainsi, on ne risque pas de tomber de bien haut. Cette position fatigue dans les commencements ; mais l'homme se fait à tout. Diriez-vous que je vous écris cette longue relation sur mes genoux ? Marcher nu-pieds n'est guère moins pénible dans le principe ; peu à peu le pied s'aguérit. Je n'ai encore fait qu'une courte campagne. La tête s'enveloppe avec une espèce de turban ; mais ce n'est pas ordinaire dans l'intérieur des maisons. Contre le soleil et la pluie on s'affuble d'un largissime chapeau de feuilles blanches, qui serait un objet curieux en Europe, car il a presque l'étendue d'un parapluie.

Mon occupation consiste, comme vous le pensez bien, dans l'étude de la langue. Comme le climat énerve nécessairement un européen, les premières études ne sont pas ardentes. On doit réellement s'écouter un peu dans les commencements. Cette raison, jointe à mon peu de goût pour une langue musicale, rend mes progrès bien peu sensibles, ou mieux nuls. J'espère cependant, avec le secours de Dieu, m'en tirer avec le temps ; quand une fois j'y aurai pris goût, je travaillerai avec assiduité. J'aurais presque besoin maintenant de la verge du maître. Mon compagnon d'études ne me donne guère d'émulation ; l'œil du maître ne nous intimidant pas, nous faisons la causette en français. De tout temps la réunion de plusieurs européens fut un obstacle à leurs progrès dans l'étude de la langue ; quoique raisonnable, on ne peut prendre sur soi de s'interdire sa langue pour se torturer l'esprit à balbutier un jargon baroque. Pour obvier à cet inconvénient, on a l'usage de se séparer ; et c'est, je crois, le parti que nous allons prendre. Chacun de nous ira chez un prêtre du pays qui, ayant perdu son latin, nous nécessitera à lui parler tonquinois, au risque de faire comme l'allemand nouveau en France. Ce n'est qu'à force de jaser qu'on parvient à se rapprocher de leur prononciation. Il est bien rare qu'un européen atteigne une parfaite élocution. La langue tonquinoise est chantante comme la chinoise ; ce chant n'est bien senti que dans la lecture, la prière, etc.; mais pour la conversation, quoiqu'ils observent exactement les tons, ils ne sont pas assez distingués pour former un chant. Les tons sont au nombre de six ; la langue chinoise n'en a que cinq ; c'est ma mort, parce que je suis loin d'être né musicien. Ces tons donnent la signification aux mots qui, prononcés de six manières, signifient aussi six choses différentes. Vous croiriez faire un compliment si vous prenez le change sur le ton, vous dites peut-être une injure. Jugez de là si le ton fait la musique. Si la langue est rendue difficile par cette complication de tons, elle est en retour facile et simple dans sa construction. Il n'y a pas tous nos ambages de la langue française. Dans le choix d'apprendre le français ou le tonquinois, je n'hésiterais pas à me déterminer pour ce dernier. Le nombre des mots n'est pas si étendu que chez nous; souvent le même mot, avec une légère transposition ou addition, est tour à tour nom, pronom, adjectif, verbe, etc. L'écriture ne nous inquiète pas; au lieu de caractères chinois, les Européens employent les caractères latins avec certaines modifications, ce qui suffit pour correspondre avec les prêtres. Cette écriture est compliquée, parce qu'il faut rendre des sons qui nous manquent, et exprimer les tons, le tout par le moyen de certains signes.

Vous voyez comment, arrivés dans ces pays, nous sommes habillés tout à neuf. Puissions-nous à ce prix obtenir le salut de quelques âmes! C'est de bien bon cœur que les Missionnaires se font tous à tout pour gagner à Jésus-Christ ces âmes qu'il a rachetées et qui se perdent. Si, en ce moment, je n'exprime pas tout ce qu'inspire de consolant le séjour chez ces peuples que nous venons éclairer, n'en concluez rien; je suis un peu trop préoccupé par la langue ; l'an prochain, quand je me rirai de ce qui m'effraye aujourd'hui, je vous entretiendrai au long du plaisir que j'éprouve à avoir suivi ma vocation et à venir chercher un tombeau si loin.

Il est plus que temps de conclure cette longue relation et toutes celles qui l'ont précédée. Regardez, cher père, ces détails comme une faible marque de l'affection bien juste que je conserverai toute ma vie pour vous. Si à l'avenir des occupations un peu pressantes restreignent mon désir de vous témoigner les mêmes sentiments par la longueur de mes lettres, n'en doutez pas, le cœur y suppléera. La tendresse filiale ne perd rien aux extrémités du monde. J'aime surtout me rappeler de vous à l'autel. L'association de la propagation de la foi qui soutient si puissamment les missions nous est trop chère pour que nous puissions l'oublier. La France entière ne nous devient point étrangère. Si ses malheurs nous affligent, combien aussi son bonheur nous réjouira. Daigne le ciel hâter le renouvellement de notre patrie ! Le parti dont vous avez soutenu la cause avec gloire, est aussi porté dans le cœur des Missionnaires. Que j'aime entendre notre vénérable évêque de Gortyne, (Mgr. Longer du Hâvre), séparé de la France depuis 55 ans, lorsqu'il nous dit avec sa noble simplicité : je ne puis nommer le Roi de France à la Messe ; mais j'ai ma ruse : le bon Dieu qui connaît mon intention n'a sans doute pas besoin du nom ; ainsi je me contente de lui dire chaque jour : je vous recommande mon bon Roi ! Vous ne sauriez croire combien ce saint évêque est sensible aux maux de la France. Voilà un vrai français.

Joignez vos actions de grâces aux miennes pour les bienfaits dont il a plû à Dieu de me combler pendant les quatorze mois qui se sont écoulés depuis mon départ de France jusqu'à mon arrivée.

FIN.